河南高速公路绿化
工程实施细则

河南高速公路发展有限责任公司◎编

HENAN GAOSU GONGLU LüHUA
GONGCHENG SHISHI XIZE

人民交通出版社
China Communications Press

内 容 提 要

为提高河南省高速公路路域绿化景观环境质量，使其设计内容更加科学合理，便于实际操作，特编制《河南高速公路绿化工程实施细则》，该书从绿化设计、绿化施工、绿化养护等不同方面提出了具体的实施方法和步骤。可供高速公路绿化设计人员和施工人员使用。

图书在版编目（CIP）数据

河南高速公路绿化工程实施细则 / 河南高速公路发展有限责任公司编 .—北京：人民交通出版社，2009.12

ISBN 978-7-114-07836-1

Ⅰ. 河… Ⅱ. 河… Ⅲ. 高速公路 - 绿化 - 细则 - 河南省
Ⅳ. U418.9

中国版本图书馆 CIP 数据核字（2009）第 110561 号

书　　名：河南高速公路绿化工程实施细则
著 作 者：河南高速公路发展有限责任公司
责任编辑：刘永芬
发版发行：人民交通出版社
地　　址：（100011）北京市朝阳区安定门外外馆斜街 3 号
网　　址：http://www.ccpress.com.cn
销售电话：（010）59757969，59757973
总 经 销：北京中交盛世书刊有限公司
经　　销：各地新华书店
印　　刷：北京市凯鑫彩色印刷有限公司
开　　本：787 × 1092　1/16
印　　张：5.75
字　　数：95 千
版　　次：2009 年 12 月第 1 版
印　　次：2009 年 12 月第 1 次印刷
书　　号：ISBN 978-7-114-07836-1
印　　数：0001 ～ 3000 册
定　　价：45.00 元

编委会

前言

QIAN YAN

河南省地处中原，素有“九州腹地、十省通衢”之称，有着得天独厚的区位优势，在中部地区乃至全国交通发展格局中具有连南贯北、承东启西的重要战略地位，发挥着东西经济互补、南北经济流通的重要枢纽作用。近几年来，为充分发挥河南交通的枢纽作用，服务全国交通大局，河南大力发展交通基础设施建设，特别是高速公路建设，至2008年底，全省高速公路通车总里程达到4 841公里，连续三年居全国第一。目前河南省高速公路在建里程596公里，到年底在建里程达到1 000公里以上，到2010年通车总里程将突破5 000公里。

为贯彻交通运输部提出的“六个坚持、六个树立”的设计新理念、响应河南省交通运输厅的“创优质工程活动”，实现河南由交通大省向交通强省的迈进，特编制了本实施细则。本细则对河南省内绿化工程的设计原则、高速公路具体部位的详细设计、施工、养护进行了具体要求，并根据地区生态类型和植物生长特性附注了详细的图鉴说明，是一本操作性极强的资料，是对河南省交通运输厅编写的《河南省高速公路景观设计指南》的具体化。编者希望本书的出版能够提高河南省绿化工程的建设实施水平，为河南省建设项目创优质工程添砖加瓦。

本书如有不足之处，诚望广大读者提出宝贵意见，以便及时修改完善。

作者

2009年8月

目录

MULU

1 高速公路绿化设计的意义

GAOSUGONGLULÜHUA SHEJIDEYIYI

高速公路绿化设计是指在公路路域范围内采用植树、种花、栽草等手段，同时结合高速公路用地的地形、地貌、地物以及自然生态进行综合设计，合理布局，定位栽植，科学管理。

在高速公路上，川流不息的车辆给驾驶员的精神造成高度的紧张，千篇一律的设施使驾驶员感到枯燥、乏味，这给行车安全埋下了隐患。随着社会经济的高速发展，人民生活水平的不断提高，人们对精神文化生活及生活环境有了更高层次的要求，人们的出行不再是满足于位置的转移，而是要求在出行的同时能体会到轻松愉快的感觉。也就是要求高速公路的运行空间环境应该是高质量的，既要求满足安全、快速、便利，又要求做到和谐美观。为此，公路建设在注意道路的安全性、可驶性、便利性和耐久性的同时，还要引入环保、美化、人文的概念，因此要把高速公路的绿化种植设计作为一项重要内容加以考虑。构建自然、生态、和谐的高速公路沿线植物景观是改善人们生活质量、提高生活水平的重要内容，同时高速公路沿线良好的植物景观能将人、车、路、环境构成一个统一的整体，不仅使高速公路本身形成一个行车快速、舒适、美观、安全的环境，还能为一个地区的经济发展创造良好的绿色生态环境，提高经济的发展速度和社会生活质量。

高速公路作为现代社会生活中经常使用的公路类型，它的技术标准高、行车速度快、服务项目完善，是社会现代化的重要标志之一。公路的建设要加强对绿化景观、沿线资源的维护、利用和开发，保护持续的、稳定的、发展的态势，这样才有利于当代人，又造福于后代人。作为社会环境质量的重要因素，视觉环境质量对于人类已日趋重要，但是在公路的工程建设中经常出现良好的自然环境被侵占或破坏的现象，所以有必要通过生态型高速公路绿化种植设计来恢复并完善高速公路的路域绿化景观体系，使高速公路不仅是一条快速便捷的通道，同时还是一条真正融于大地景观的绿色之路，使人们充分感受到行驶其中的舒适性和安全性。

鉴于高速公路绿化工程的现状，建议公路绿化工程从设计之初就要确立生态绿化的目标，为营造健康安全的公路环境打下坚实的基础，并且要打破以往“先修路后绿化”的惯例，将绿化工程与主体工程建设同步进行，使其得到应有的重视，从而使绿化不再是整个公路建设中的附属部分，这样我们在高速公路投入运营的同时即可享受到优美舒适的行车环境。

河南省高速公路（图 1-1）于 2008 年底实现了新的历史性跨越，全省高速公路通车里程率先在全国突破 4 000km，当年新增高速公路通车里程 1 117km，占当年全国新增高速公路通车里程的 1/8 强；全省高速公路通车总里程达到 4 556km，稳居全国第 1 位；92% 的县（市）通达高速公路。由此可见高速公路在河南省社会经济发展中的地位，为满足使用者的观赏需求并考虑高速公路自身的安全需要，高速公路的绿化设计在此就显得愈发重要了。

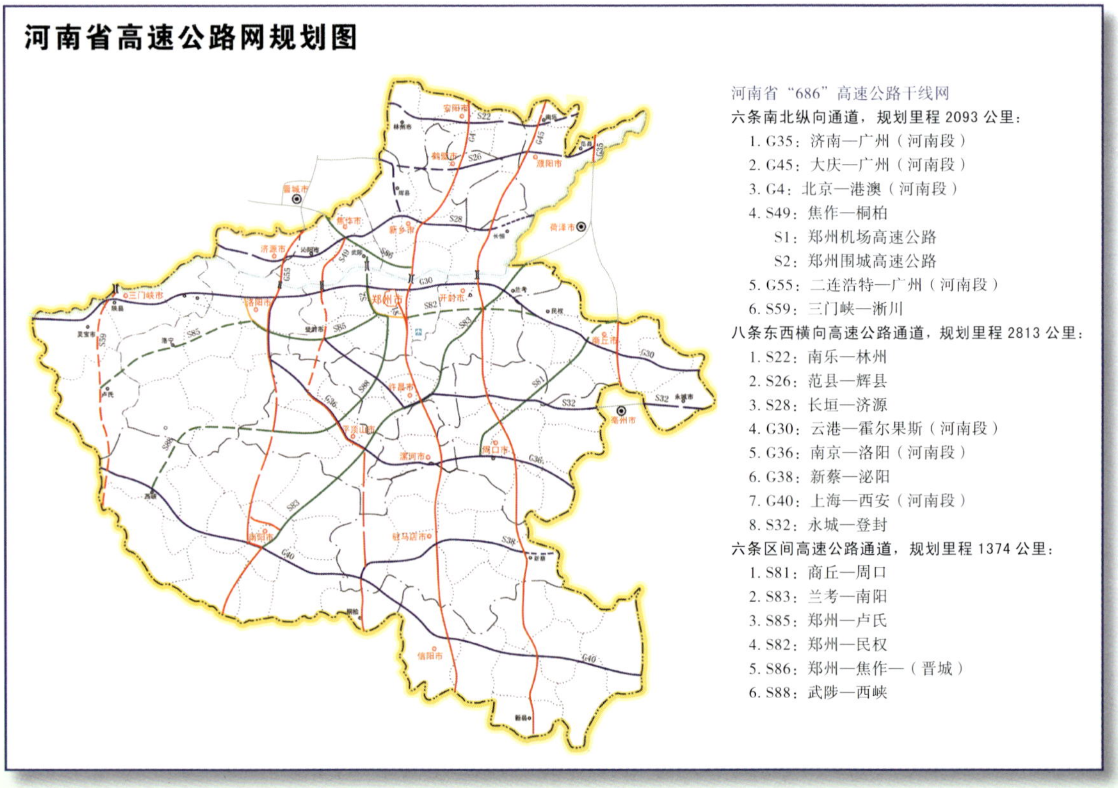

河南省高速公路网规划图

河南省“686”高速公路干线网

六条南北纵向通道，规划里程 2093 公里：

1. G35：济南—广州（河南段）
2. G45：大庆—广州（河南段）
3. G4：北京—港澳（河南段）
4. S49：焦作—桐柏
   S1：郑州机场高速公路
   S2：郑州围城高速公路
5. G55：二连浩特—广州（河南段）
6. S59：三门峡—淅川

八条东西横向高速公路通道，规划里程 2813 公里：

1. S22：南乐—林州
2. S26：范县—辉县
3. S28：长垣—济源
4. G30：云港—霍尔果斯（河南段）
5. G36：南京—洛阳（河南段）
6. G38：新蔡—泌阳
7. G40：上海—西安（河南段）
8. S32：永城—登封

六条区间高速公路通道，规划里程 1374 公里：

1. S81：商丘—周口
2. S83：兰考—南阳
3. S85：郑州—卢氏
4. S82：郑州—民权
5. S86：郑州—焦作—（晋城）
6. S88：武陟—西峡

图 1-1

2 编制依据 BIANZHIYIJU

（1）《公路环境保护设计规范》（JTJ/T 006—98）;

（2）《公路工程基本建设项目设计文件编制办法》（交公路发 [2007]358 号）;

（3）《河南省高速公路景观设计指南》（河南省交通厅，2007）。

3 高速公路绿化设计的原则

GAOSUGONGLULÜHUA SHEJIDEYUANZE

3.1 统一与变化

高速公路的绿化设计强调统一，但不是千篇一律，没有区别，而是要在统一的主题下表现出各自的特色和韵味，否则沿途绿化景观就可能会因单调而使驾驶员注意力迟钝。适当的变化如植物景观线形的弯曲、起伏等，都会使驾驶员在行车途中感受到沿途绿化景观的节律感、多变性，产生愉悦的心情，达到消除疲劳提高行车安全的目的。所以，高速公路的绿化设计一定要在统一的主题下，做到形式统一，内容各异。

3.2 舒适与安全

舒适是高速公路绿化设计的主要目的。研究表明，驾驶员在行车过程中的感受与道路绿化景观之间存在着密切关系。道路应该为驾驶员提供既有趣又舒适的行车环境，而要做到这一点，主要依靠道路绿化设计。但是，通过绿化设计提高舒适性的前提是必须保证交通安全。如果不能保证交通安全，不管高速公路本身多么优美都是毫无意义的，所以保证安全是高速公路绿化设计的基础和前提。公路绿化设计应该在满足工程需要和功能要求的前提下，采取一切有效方法和措施，保证公路设施自身安全、运行车辆行驶安全及驾乘人员的安全。

3.3 融合与协调

高速公路是一个有机整体，在绿化设计时既要注意内部各组成部分之间的协调，使其有机地融合在一起，又要注意与外部地形、环境的相协调。在进行高速公路的线形、沿线构造的造型设计时，避免割断生态环境空间或视觉景观空间的错误做法，沿途景点、附属设施以及绿化植物要有统一性和连续性，避免相互独立，缺乏整体协调性。同时，整个路域绿化设计还要与当地风土人情、历史文化相融合，展现出当地的文化内涵与韵味。使公路这一人工系统与沿线自然系统及其他人工系统整体融合，并努力使公路在满足运输功能的基本前提下，恢复和改善原有绿化景观环境。

3.4 经济与美观

在高速公路的绿化设计上，我们不能仅仅为追求建成后的绿化景观效果，而耗费大量人力、物力、财力在人造景观上，不能只强调美观而不计成本。高速公路一般建在市（县）郊地区，所经之处均为朴实无华的乡野风景，如果作的太过奢华，不仅后期管养成问题，而且与周边的大环境形成较大反差，不能很好地融于大地景观。这样还会造成非常大的浪费，所以还要重点考虑项目的造价问题，从经济、实用的原则出发，选用一些景观效果好的乡土树种进行配置，坚持“适地适树”的原则，争取以较少的费用建成美丽的绿色长廊。

3.5 自然与生态

高速公路路域绿化景观环境要素包罗万象，在设计时要重点体现对原有绿色资源的保护、利用和开发，以及公路主体与原有自然及社会环境的相融。“不破坏就是最大的保护”。对于绿化设计，一定要根据不同地区的立地条件、植物生长特性及生物的种群关系，构造合理的生物群落，使之相互防护、共生互利。选用的植物品种应与高速公路的环境特点相适应，以乡土植物为主，引进植物为辅，常绿与落叶合理搭配；选择生长快、适应性强、抗污染能力强、病虫害少、耐寒、耐旱、耐贫瘠、便于管养的植物，根据高速公路不同位置、不同特点合理配置。充分体现出绿化设计的自然性与生态性。

3.6 保护与发展

高速公路的绿化设计必须考虑保持长期的自然经济效益，尽量避免破坏自然环境和原有景观，保护各种动植物和名胜古迹。在保护原有景观的同时，作为现代化的高速公路，它的绿化设计要符合时代发展的需要，要体现时代主旋律。绿化设计要保护当地的植物品种，尊重当地的本土特色，发掘当地的历史、文化内涵，同时适当引进外来树种和一些较为先进的理念融入其中。高速公路沿途绿化景观要做到具有时代感、速度感，要使高速公路在绿化设计之下活跃起来，明亮起来，绿起来，成为现代化的时空走廊。

4 高速公路绿化设计的内容

GAOSUGONGLULüHUA SHEJIDENEIRONG

4.1 中央分隔带绿化设计

中央分隔带的绿化设计（图 4-1）是为了满足防眩、隔音、降噪、美观、缓冲、减缓疲劳等功能。最大限度地将眩光引起的事故减少到最低是中央分隔带绿化的首要功能，因此其高度和宽度必须满足防眩的要求。虽然从植物造景的角度出发，不要求具备太多的变化，但要求从简单重复的韵律节奏以及线形上具有一定的观赏性。植物的选择常常以常绿、耐寒、耐旱、耐修剪为原则，色彩以深绿浅绿色、淡黄绿色等各种不同绿为主进行搭配，在一定限度内充分表现植物的季相变化。为了避免树种配置单调、色彩单调，每隔 1km 的距离应配置 10~20m 长的观赏树种绿化带，或在主栽树种之间栽植观赏花木。在一些纵坡较大的地段选择高度较高的植物，这样才能更有效地防止对面的眩光；一些节点位置（如互通立交、停车区、服务区的出入口处）可以采取与沿线不同的设计手法，从而突出其重要位置，起到一个预示作用。

图 4-1

总之，中分带的绿化设计应以不裸露黄土为主，可以采取多种形式（不仅限于种植）覆盖地面。考虑到冬季降雪，需要撒融雪盐的因素，中分带绿化在选择植物时要选择那些耐盐碱、耐旱的植物。

4.2 路肩及坡顶绿化设计

路肩的绿化主要是起保护路基，减少水土流失，丰富公路景观的功能。高速公路路肩的宽度一般为50~70cm，有些公路已经直接做硬化处理，有些是作土路肩来处理，并且土路肩的土层都比较薄，其上只能种植一些地被类植物或小灌木，也可以采取播种草籽加草花的形式防护。由于路肩的位置较好，是人们视线所及之处，因此在绿化设计时要选择一些耐贫瘠、观赏性强的植物种类。同时要注意植物的生长不能影响到正常的行车安全，不宜选择枝条比较舒展的植物（图4-2）。

图4-2 辅路肩绿化实例

为增强高速公路的绿化景观效果，在路肩外侧可栽植低矮的花灌木，形成线形绿色景观。花灌木的选择应以适应性强和便于养护为原则，使一年四季有不同的观赏效果。

4.3 边坡绿化设计

在高速公路挖、填方施工中，边坡上原有地貌及植被遭到严重毁坏，经不起雨水和风力的侵蚀破坏。这就需要在裸露边坡上迅速营造人工植被进行绿化（图4-3），以此固土护坡、美化路容，保护生态环境。所以对于边坡绿化首要功能是防护，其次才是观赏。边坡绿化所选植物类型应该是耐瘠薄的乡土植物，可以采取液力喷播、客土喷播等形式。为使植物更好的护土固坡，亦可采用混播技术。路堤边坡所经地段多为农田、沼泽、丘陵及河湖溪流区，多为平地上起路基、筑路面、挖边沟形成的高速公路路基两侧的边坡，由于视线看不见，为降低造价，可采取一般绿化处理。路堑边坡一般是开挖山体所成，根据

图4-3 边坡绿化示例

边坡的土质不同，可采用不同的植物类型。土质边坡可选用多年生耐旱、耐贫瘠的草本植物与当地适应性强的低矮灌木相结合来固土护坡；石质边坡可选用一些垂直绿化材料，如选用阳性、抗逆性强的爬藤植物加以覆盖，石质路堑边坡还可利用锚杆固定，筑土工格，客土喷播的形式来对边坡进行防护。路堑边坡路段行驶时的观景视线较好，在这些路段可应用一些观赏性强的植物进行美化处理；对于坚硬、不易风化、有特色的岩石坡面或孤石可在保证安全的前提下予以保留，形成融于自然的景观。

4.4　护坡道绿化设计

同路肩一样，有些护坡道已经做硬化处理，没有绿化空间，可不再作处理。护坡道的绿化主要以防护、美化环境为目的（图 4–4），栽植适应性强、管理粗放的植物。护坡道的绿化要按照不同的路基高度采取不同的绿化方案。对于高路基路段的护坡道可以栽植一些较高大的乔木，种植间距可以适当加大，以防护为主，降低费用；人们在低路基路段行驶时，视线较好，这些路段的护坡道可选择观赏效果好的花灌木、乔木进行搭配，形成一个自然的植物群落，便于人们在行驶过程中欣赏。

4.5　碎落台绿化设计

挖方边坡碎落台的绿化不仅要注意保护边坡，而且还要兼顾观赏效果（图 4–5）。根据实际情况和土壤状况，碎落台可采用适应当地气候的一些花灌木及小乔木进行搭配组合。如果是石质土壤，可砌种植池进行绿化，选用一些较为耐瘠薄的小型灌木或藤类植物，在二级边坡的碎落台上可种植垂枝植物，打破边坡绿化过于单调的格局。在一些地势起伏较大的地区，自然地形较好，可以采取适当加宽碎落台，增大绿化面积，创造良好景观的方法。

图 4–4　护坡道绿化实例

图 4–5　挖方地段碎落台绿化示例

4.6 隔离栅内侧绿化设计

隔离栅内侧绿化常与隔离栅相结合，一般选用攀援植物，遮挡住隔离栅自身的硬质景观，以植物的柔性景观取代。可选择常绿植物与观花植物配置，亦可选择自身季相变化较明显的植物品种。

4.7 路侧绿化设计

公路两侧带状绿化是建设绿色通道工程的主体，是景观环境再造、协调公路与周围环境关系的基本措施，其绿化配置的好坏直接影响到路域生态环境。这部分绿化要达到一定的规模才能形成一道壮观的绿色风景线，其宽度根据征地界确定。路侧绿化设计要根据公路的线形特征以及高速公路的特点，营造出一种动态的韵律感。植物配置以行列式为主（图 4-6）。树种根据土壤、气候等特征和树种的人文寓意来选定，一般以乔木为主。在较长的路线内一定要注意更换树种，避免纯林引起病害和虫害；在路两侧有优美自然风景的路段，采用透景、漏景的艺术手法处理，而在景观不好的地段则可采取密植遮挡的方式，美则露之，丑则收之。

图 4-6

低填方路段可以栽植一些景观效果好的花灌木及一些地被植物，与乔木搭配形成景观层次丰富的植物群落；高填方路段只需选用树形高大的乔木即可，种植密度也可以适当降低；在挖方路段，由于边坡较高，已经超出了人们的观景视线范围，可以适量地少栽甚至不栽植物。

4.8 零填方路段绿化设计

零填方路段是比较特殊的一个类型，它一般是填方与挖方的过渡地带，怎样将二者之间的景观更好地融合是进行景观设计时必须解决的问题。同时由于这种地形的特殊性，使其成为一个观景视线极佳的区域，这就对绿化设计提出了更高的要求。这个区域的绿化要采用乔灌草立体复合式结构，建造一个符合生态要求的植物群落，注意植物间的搭配，使其能形成一个四季皆有景可观的微型自然生态植物群落系统。进行植物配置时要充分考虑行车速度和人的视角范围，不可做得太过花哨，但是同一植物种类还是要有一定的数量，以保证人在高速行驶时能对植物有一个外形轮廓上的认知。建议该区植物的种植以团块状为基调，同时结合边坡的绿化，形成有机的整体（图 4-7）。

4.9 互通立交区绿化设计

互通立交区是高速公路的出入口，绿地设计以改善生态环境和观赏性相结合为原则，形成以乔木为主、灌木为辅、地被打底、疏密有致、层次变化的自然植物群落，减少模纹化、图案式的种植方式。植物配置品种不宜过多，多栽树少种草，合理有效地控制工程造价。互通区内树种选择应结合当地气候、土壤、地下水位、地形地势等自然环境条件，因地制宜、适地适树（图 4-8）。

图 4-7

图 4-8

互通立交区的绿化布置要服从立体交叉的交通功能，使驾乘人员有足够的安全视线。在弯道内侧，要留出一定的安全视距，不宜种植高大乔木树种，可栽植较矮的花灌木、草坪、花卉等。在弯道外侧，可种植高大乔木。在汇车点的位置也要栽植一些低矮灌木，以保证行车的安全。植物种植结合地形，形成疏密有致的空间环境，丰富景观。

对互通区内的场地高程进行分析设计，做到场区内土方基本平衡，避免大填大挖。微地形的设计应该结合立交区的排水系统进行，在低洼处设置集水池，其大小应该根据当地气候条件、降雨量、蒸发量和互通区大小合理确定。微地形与集水池相结合进行场地整理，尽量减少土方的运输。

4.10 管理养护区、收费站、停车区、服务区绿化设计

管理养护区、收费站是管理人员休息和办公的场所，停车区、服务区是集加油、修理、餐饮、住宿、娱乐、购物以及广告业为一体，并设有高速路维修管理的综合区。

这些场所的绿化设计主要是通过空间划分和植物配置，以建筑物为主体，在传统园林艺术基础上，结合现代园林表现手法，并配以亭、石小品，灯光及植物造景点缀而成，以达到观赏、休闲、提高环境质量的目的（图4-9）。整个植物配置宜采用乔灌草相结合的方式，重点部位栽植观赏效果佳的树种，场区绿化还是以栽植枝冠发达、树荫大的乔木为主。停车场的位置原则上要栽植能够遮荫的大乔木，在车辆出入的地方种植较低矮的植物，为行车留下足够的安全视距。在加油站附近栽植一些防火树种，防患于未然。服务区的整体绿化设计要突出文化设计的理念，展现地域文化色彩，与当地的历史、文化相融合。

图4-9

4.11 隧道口绿化设计

隧道洞口的绿化设计，应以恢复山体的自然生态绿化景观为主，将洞口周边区域及两侧护坡结合洞门结构形式进行整体设计，使隧道绿化与其生态环境相融合，还其原有的自然生态景观。隧道口宜采用密植灌木类植物的方式进行绿化，这样既可以减少驾乘人员进入隧道的心理压抑感，又可以在洞口起到明暗过渡作用，提高驾驶员和旅客的视觉适应性；洞口不宜种植高大乔木，避免倒伏出现危险；还可在上行、下行两个洞口之间种植乔灌木，以阻止汽车废气在两个洞之间回流。

4.12 取、弃土场的绿化设计

取、弃土场的绿化应以防护为主，恢复自然绿化景观，尽量降低工程造价。一般采用自然式栽植方式，以植草为主，结合栽植乔灌木，植物品种的选择遵循“适地适树”的原则。

高速公路沿线的绿化设计内容类型较多，应充分结合当地特点因地制宜，灵活处理，使之成为一个特色各异、功能互补、密切联系的生态绿色走廊，可望达到绿化、美化和提高公路的运行条件和环境质量，带动公路沿线生态建设工程，丰富生物多样性和推动区域经济发展等综合效益。

5 河南高速公路生态类型划分及植物选择

HENANGAOSUGONGLU SHENGTAILEIXINGHUA FENJIZHIWUXUANZE

5.1 河南省地貌特征

河南省地处黄河中、下游，华北大平原的南端，地质条件复杂，地层系统齐全，构造形态多样，是我国地质条件比较多样的省区之一。河南的地貌主要有两个特点：其一，地势西高东低，东西差异明显。位于我国第二级地貌台阶和第三级地貌台阶的过渡地带。西部的太行山、崤山、熊耳山、嵩山、外方山及伏牛山等属于第二级地貌台阶，东部的平原、南阳盆地及其以东的山地丘陵，则为第三级地貌台阶的组成部分。河南地势的总趋势为：西部海拔高而起伏大，东部地势低且平坦，从西到东依次由中山到低山，再从丘陵过渡到平原。河南最高处与最低处相差 2390.6m，正是这样的地势，使河南境内较大的河流，大都发源于西部山区。其二，地表形态复杂多样，山地、丘陵、平原、盆地等地貌类型齐全。河南地貌形态复杂多样，境内不仅有绵延高峻的山地，也有坦荡无垠的平原，既有波澜起伏的丘陵，还有山丘环抱的盆地。河南山脉集中分布在豫西北、豫西和豫南地区，北有太行山、南有桐柏山、大别山、西有伏牛山。河南的丘陵多数是低山经过长期风化剥蚀的石质丘陵，有些是黄土高原经流水切割而形成的黄土丘陵，丘陵与山地往往相伴而分布，主要集中分布在豫西北少数地区、豫西山地东缘和豫南东部边缘地带。河南平原广布，辽阔坦荡。省内中部、东部和北部平原由黄河、淮河和海河冲积而成，亦称黄淮海平原，西起太行山和豫西山地东麓，南至大别山北麓，东面和北面至省界，面积广阔，土壤肥沃，是我国重要的农耕区。西南部为南阳盆地，具有明显的环状和阶梯状地貌特征，面积约 2.6 万平方公里，是河南最大的山间盆地；盆地中部地势平坦，水热资源丰富，多种植物均可在此生长发育。

5.2 河南省气候特点

河南省地跨我国北亚热带与暖温带两个气候带，气候温和，日照充足，降水丰沛，适宜于农、林、牧、渔各业发展。其特点为：其一，过渡性明显，地区差异性显著。全省由于受季风气候的影响，加上南北所处的纬度不同，东西地形的差异，使河南的热量资源南部和东部多，北部和西部少，降水量南部和东南部多，北部和西北部少，气候的地区差异性明显。其二，温暖适中，兼有南北之长。河南气候温和，冬冷夏炎，四季分明，具有冬长寒冷雨雪少，春短干旱风沙多，夏日炎热雨丰沛，秋季晴和日照足的特点，有利于多种植物的生长。其三，季风性显著，灾害性天气频繁，河南西靠广阔的欧亚大陆，东近浩瀚的太平洋，冬夏海陆温差显著，风向随季节变化明显。季风气候对农业有利的方面是主导的，但也有其不利的一面，主要在于它的不稳定性，具体表现在年降水量的时空分布不均，往往全年的降水量主要集中在夏季，约占全年降水量的45%~60%，降水的不稳定性极易引起旱涝灾害。

5.3 河南省地质土壤

河南省由于气候、地貌、水文等自然条件的影响，加以农业开发历史悠久，因而土壤类型繁多。

京广线以东，沙、颍河以北的广大黄河、海河冲积平原，是河南分布面积最大的潮土区，山丘区较大河流的河滩地一般也是潮土分布区。河南的潮土可分为沙土、淤土、两合土三个土属。沙土主要在黄河上游和主河道附近，淤土在下游或河间地带的静水沉积区，两合土则介于两者之间，这些地区因耕垦历史久，一般有机质缺乏，自然肥力不高，因为漏水漏肥，灌溉指标和施肥水平都较高。

沙、颍河以南的淮北平原和南阳盆地唐、白河两岸的南阳、唐河、新野、邓州等是砂疆黑土分布区，这些地区土质黏重，物理性差，排水不良，下部常有砂僵阻隔，但有机质较高，有较大的潜在肥力。

黄河两岸的新乡、商丘、开封、濮阳等四地区的部分县是盐碱土的分布区。由于含盐量过高，影响植物的生长，重度盐碱土则寸草不生，成为盐碱荒地。建国初期盐碱地面积约600多万亩，后因灌溉不当，1961年发展到1300多万亩，20世纪70年代后大力推行挖沟排水等措施，目前已降到约400万亩。

淮河以南的洪积倾斜平原，淮河北岸的淮滨、息县、正阳及省境内的唐、白河下段河流两侧等地区有水稻土的分布。总的来说，河南省水稻土有机质含量较低，耕层欠松暄，其肥力水平不及长江下游的水稻土，但仍是河南的高产土壤之一。

豫西的黄土丘陵的白土阶地和缓丘上中部的立黄土、低山丘陵区位置较高处的红黏土、太行山及伏牛山东侧向潮土过渡地区的油黄土等，都是褐土类的土属。这些地区土壤有些肥力尚好，有些则属瘠旱薄地，但水土流失严重，是需要采取水保措施的主要土类。

由秦岭入河南段(灵宝南部)起，东到嵩山、东南到方城北，熊耳山、嵩山和伏牛山两支层叠的中山山地，太行山的中山山地均分布着棕壤。这些地区层厚变化大，一般土层较薄，是林业用地，宜控制开垦、合理利用。

豫西低山与丘陵的南坡和大别山北坡，或称坡积侵蚀缓岗坡地，发育有黄棕壤，是河南亚热带林木，特别是茶叶、油桐等经济林木的适宜土壤。但这种低山丘陵风化严重，水土流失较严重。此外在南阳盆地和信阳地区的低丘岗地上，由黄棕壤或黄褐土经耕种熟化而来的黄刚土亚类，是旱地土壤，土质黏重，干时坚硬易于龟裂，通气性能不良，有机质含量偏少，易旱易涝，是河南低产土壤之一。

综上所述，河南的土壤大类型有黄棕壤、棕壤、褐土、潮土、砂僵黑土、盐碱土和水稻土 7 种。

5.4　生态类型区域划分及植物选择

综合河南省的地质地貌条件、气候特点及土壤分布并结合高速公路分布概况，在河南省交通厅下发的《河南省高速公路景观设计指南》对河南省境内生态区域划分的基础上，可以将河南省高速公路的生态环境条件划分为六个类型：太行山地；黄土沟壑地带；豫西山地；黄淮海平原；淮南平原；豫南山地。

5.4.1　太行山地

在河南省境内的太行山脉位于新乡、安阳和济源等市的部分地区，年平均气温 8~12℃，日温差大；年降水量 800mL 左右；土壤以棕壤为主，较肥沃；坡度较缓，适合植物生长。栓皮栎、油松是太行山区的优良乡土树种，适应性强，分布较广泛。太行榆、黄连木、五角枫、荆条、华山松、辽东栎也是太行山区的乡土树种，松、栎混交林可以防止或减少病虫害，同时也形成优美的景观。

该地区高速公路的中央分隔带绿化种植一般应选用蜀桧、桧柏，中间间隔一段距离栽植一些花灌木，以缓解驾驶员的视觉疲劳感。蜀桧常绿，易修剪，生长期长，是中央分隔带首选的优良树种。

边坡绿化可以选用当地植物种类灌木胡枝子、紫穗槐，草种可用天堂草、狗牙根、高羊茅、结缕草、剪股颖等。草灌结合能起到较好的护坡效果。土质边坡采用液力喷播、石质边坡采用客土喷播的形式。

互通立交区及管理、服务区树种可选用以上所列当地树种，还可选用雪松、合欢、丝棉木、黄山栾、柳树、大叶女贞、紫叶李、国槐等树种。

路侧林带宜选用以速生杨为主，每3~5km间隔种植山楂、太行榆等树种，以防止病虫害的发生。

护坡道绿化树种可选用刺槐、泡桐、杨树、臭椿、苦楝、女贞、紫薇、紫荆、迎春、迎夏、丁香等适应高速公路环境和当地气候、土壤的植物。

种植时间以每年的春季三月中旬至四月中下旬和秋季九月下旬至十一月中下旬为佳。其他时间种植则需要采取一定的防护措施（如遮阳和防冻）。

5.4.2 黄土沟壑地带

本区位于河南省中西部，地处黄土高原西南隅，包括郑州、洛阳、焦作和三门峡等地市的一部分县区。地貌为冲积、洪积、风积和坡积黄土丘陵和缓坡黄土丘陵，地形破碎。属暖温带半湿润季风气候，夏热多雨，冬冷干旱，年平均气温14℃左右，年降水量500~700mL。主要土壤类型为碳酸盐褐色土类的红黄土、白面土和红黏土。天然植被有栎类、油松林。主要生态问题为天然植被稀少，在长期的水蚀作用下，形成丘陵沟壑交错分布，塬、梁、峁、沟、坡相间的破碎地形，水土流失严重。针对现状，高速公路绿化应尽力保护天然植被，在立地条件较差的沟壑区，营造乔灌结合的护坡林。

为使中央分隔带能满足功能上的需要，并结合景观效果的考虑，该区的中央分隔带以蜀桧、大叶黄杨为主要树种，间以紫薇、紫叶李、花石榴、木槿等花灌木。

边坡防护可以选用天堂草、沙芦草、藤本卫矛、红豆草、小冠花、柠条、紫穗槐等。

路侧林带可选用速生杨、每间隔3~5km种植白榆、柿树等。经济树种有核桃、山楂等。

互通区及管理、服务区除选用以上所列树种外，还可选用雪松、合欢、重阳木、丝棉木、黄山栾、三角枫、大叶女贞、紫叶李等树种。

护坡道绿化树种可选用刺槐、泡桐、速生杨、臭椿、雪松等适应高速公路较为贫瘠、干旱环境的树种，此外还有灌木及小乔木可供选择：紫叶李、金钟、迎春、月季等。

种植时间以每年的春季三月至四月和秋季九月至十一月为佳。其他时间种植则需要采取一定的防护措施（如遮阳和防冻）。

5.4.3 豫西山地

豫西山脉是秦岭的东延部分，秦岭进入豫西向东呈扇状展布，包括小秦岭、崤山、熊耳山、嵩山、外方山及伏牛山。位于河南省的洛阳、三门峡、郑州、平顶山、许昌、驻马店和南阳市的部分县区。本区域分属黄河、淮河水系，境内山地多，平地少，地貌以山地丘陵为主，地形复杂。本地区气候温凉湿润，年均气温 12℃左右，由于地势相对高差大，气温差异明显，年降水量 800mL 左右。土壤有山地黄壤、黄褐土、山地黄棕壤、山地棕壤，河川盆地多为油黄土，低山丘陵为褐土，中山多为棕壤。植被属暖温带落叶阔叶林地带南缘类型，主要为低山针叶林、落叶阔叶林。本区的主要生态问题是地形破碎、植被稀少，水土流失严重，暴雨、洪水、干旱、泥石流等自然灾害频繁发生。高速公路绿化应以涵养水源、保持水土为主要目的，乔、灌、草相结合，生物措施与工程措施相结合。

该区的中央分隔带选用蜀桧、桧柏、大叶黄杨为骨干树种，间隔种植紫薇、紫叶李、丁香等花灌木。

边坡绿化可以采用灌草混播的形式，草种可以选用狗牙根、高羊茅、结缕草、黑麦草、白三叶、野牛草等;灌木可选用紫穗槐、荆条、胡枝子等;还可以选用藤本卫矛、扶芳藤、常春藤、小冠花、波斯菊、紫花苜蓿。土质边坡采用液力喷播、石质边坡采用客土喷播的形式。

路侧林带以速生杨、速生楸为主，每间隔 3~5km 种植 300~500m 油松、雪松、白蜡、侧柏等自然植物群落，部分通过山区的地段可以种植落叶松。

互通区及管理、服务区可以选用以上乡土树种。还可选用雪松、合欢、重阳木、丝棉木、黄山栾、三角枫、大叶女贞及常用花灌木等树种。

护坡道的绿化树种可选用适应当地较为湿润的气候且具有良好景观的品种。推荐品种如下：垂柳、速生杨、刺槐、馒头柳、紫薇、紫叶李、金钟、迎春等，山地还可选择油松、栓皮栎以体现山区特色。种植时要间隔种植，体现品种的多元化、生物多样性。

此外可以适当发展当地经济树种杜仲、核桃、柿树等植物。

种植时间以春季和秋季为佳。

5.4.4 黄淮海平原

黄淮海平原大的地貌形态上主要包括了山前洪积—冲积扇形平原、冲积平原及海

积平原，大体以黄河为轴线，往南到淮河，属淮河水系。区内地势平坦，地形起伏很小，一般海拔不到50m。该区西起太行山及豫西山地东麓，南至大别山北麓，东面和西面至省界，包括河南北部、中部和东部地区，占据了河南省的大部分地区。属暖温带气候，光热充足，降水季节性分配不均；土壤主要为潮土、潮褐土、风沙土、盐碱土等，土壤养分含量低。地带性植被多为落叶阔叶树种。本区主要生态问题是黄土故道的土地沙化，黄河、淮河流域的洪涝灾害，区域性干热风灾害和干旱等问题较为突出。高速绿化应以当地乡土树种为骨干树种，结合景观效果营造出自然和谐的氛围。

该区域中需要特别指出的是沿黄河两岸的地区，包括新乡、商丘、开封、濮阳四地，由于黄河水侧渗而使地下水位抬高，促使积盐而形成盐碱地。高速公路绿化选择植物时应当首先考虑植物的耐盐碱性，推荐使用品种柽柳、紫穗槐、紫花苜蓿、刺槐、泡桐、千头椿、火炬树等。

中央分隔带植物应选择蜀桧、桧柏、大叶黄杨、北海道黄杨为骨干树种，间隔种植紫薇、紫叶李、丁香等花灌木。蜀桧、桧柏是河南省近十几年来种植的表现优秀的中分带树种，既常绿又不必经常修剪，成本低、易养护。

边坡绿化所选植物种类为狗牙根、高羊茅、结缕草、天堂草、黑麦草、白三叶、卫矛、红豆草、沙打旺、柠条、紫穗槐、荆条、胡枝子、藤本卫矛、扶芳藤、常春藤、小冠花、波斯菊、紫花苜蓿等。

路侧绿化可选用当地树种速生杨、泡桐、白榆、刺槐、千头椿、旱柳、馒头柳、大叶女贞等间隔3~5km交替种植。

互通区及管理、服务区的绿化可选用以上乡土植物。此外还可选用雪松、合欢、丝棉木、黄山栾、国槐、柳树、大叶女贞、三角枫等树种。

鉴于当地的气候与土壤条件，推荐以下植物为护坡道绿化品种：杨树、旱柳、臭椿、泡桐、侧柏、女贞、石楠、桂花、紫叶李、丁香等。

种植时间以春季和秋冬季为宜。

5.4.5 淮南平原

淮南平原位于大别山北麓以及淮河以南之间，包括潢川县的全部、固始、商城、光山、罗山、息县、淮滨、信阳及确山部分地区。淮南平原为淮河的冲积河谷带状平原，主要发育在岗地之间的宽阔河谷中。属暖温带向亚热带过渡区，年平均气温15.1~15.3℃，年均降雨量1000~1200mm。土壤有黄棕壤、水稻土和潮土三种，以水稻土为主。本区水热资源丰富，土壤肥沃，植物种类繁多。该区域的气候条件要优于省内其他地区，高速公路绿化树种可选用能够体现当地特色的植物，体现出“小南国”的特点。

中央分隔带可以选用蜀桧、法青、大叶黄杨为骨干树种，间或穿插紫薇、紫叶李、木槿、夹竹桃、花石榴等花灌木，以便调节驾驶员视线，避免视觉枯燥带来的安全隐患。

边坡绿化所选植物应能起到固土护坡，美化环境的作用，一般采用草灌结合的方式。植物多选用狗牙根、高羊茅、结缕草、天堂草、黑麦草、白三叶、卫矛、紫穗槐、荆条、胡枝子、藤本卫矛、扶芳藤、常春藤、紫花苜蓿等。

路侧绿化可选用当地树种水杉、落羽杉、大叶女贞、香樟、白蜡树间隔 3~5km 交替种植，穿插种植 300~500m 的碧桃、紫叶矮樱、夹竹桃等。

互通区及管理、服务区的绿化可选用以上乡土植物。此外还可选用雪松、马尾松、湿地松、火炬松、核桃、杜仲、水杉、法青、海棠、石楠、枇杷、樱花、桂花、丁香、黄刺玫、竹子等。

鉴于当地的气候与土壤条件，推荐以下树种为护坡道绿化品种：雪松、水杉、白腊、黄山栾、樱花、女贞、法青、紫荆、金钟花、月季、丁香、黄刺玫、夹竹桃、紫薇等。

种植时间以春季和秋冬季为宜。

5.4.6 豫南山地

豫南山地位于河南最南部，包括桐柏山、大别山地及南阳盆地东侧的山地丘陵。包括信阳新县、罗山县、光山县、南阳、驻马店等地的一些县区。处于暖温带半湿润区向亚热带湿润区的过渡地区，年平均气温 15.5℃左右，年降水量 900~1200mL；地带性土壤为黄棕壤，中山山地分布有山地棕壤，该区域土壤肥沃，土层深厚，植被生长茂盛；松、杉、栎类在当地表现较好。该区域的生态问题主要是由于长期的乱砍滥伐，天然林多被破坏，土壤侵蚀严重，地表径流加大，植被破坏严重，致使土壤涵养水源能力下降，坡地土层浅薄。高速公路绿化树种应选择生长快、根系发达、深根性且具有一定经济价值的乔、灌、草。可以采用针阔混交、松栎混交、松杉混交的形式。

中央分隔带植物应选择蜀桧、法青为骨干树种，间隔种植紫薇、紫叶李、夹竹桃、丁香等花灌木。

边坡绿化所选植物种类为狗牙根、高羊茅、结缕草、黑麦草、白三叶、野牛草、紫穗槐、荆条、胡枝子、藤本卫矛、扶芳藤、常春藤、小冠花、波斯菊、紫花苜蓿等。土质边坡采用液力喷播、石质边坡采用客土喷播的形式。

路侧林带种植以火炬松、马尾松、速生杨为主，间隔 3~5km 交替种植，间隔

300~500m 种植枫香、水杉、落羽杉、湿地松、火炬松、馒头柳等。

互通区及管理、服务区可选用以上所列乡土树种，还可选用雪松、合欢、重阳木、落羽杉、丝棉木、黄山栾、水杉、三角枫等树种。

本地区的气候条件非常适合植物生长，护坡道绿化树种可以选择马尾松、杉木、火炬松、刺槐、乌桕等具当地特色的树种，种植时要几个树种间隔种植。灌木类有丁香、法青、桂花、紫薇、紫荆、紫叶李、夹竹桃、迎春、金钟等。

种植时间以春季和秋季为佳。

6 高速公路绿化的施工与管理养护

GAOSUGONGLULÜHUADESHI GONGYUGUANLIYANGHU

6.1 高速公路绿化施工前的准备

6.1.1 土壤测定

在高速公路施工过程中，可能会向土壤中遗弃了一些废弃物，特别是互通立交区和中央分隔带，由于土地比较紧张，出于经济上的考虑，互通立交内常常设有稳定土拌和场或水泥混凝土拌和站等，导致部分土壤的 pH 值往往偏高，一般绿化植物难于生长；边坡，特别是上边坡，土壤硬度高，一般来讲沙质土壤硬度超过 25，黏性土壤超过 23，植物的根系很难向深层土壤伸展；边坡上的土壤多为生土，缺乏植物生长的必要元素，加之土壤团粒结构没有形成，保水、保肥性能差。另外土壤中还可能含有对植物生长有害的矿物质。因此，在高速公路征地范围内种植绿化植物之前对土壤的理化性能如酸碱性、有机质含量以及土壤硬度等进行比较详尽的测定是非常有必要的。

6.1.2 不良土壤的改良

6.1.2.1 不良土壤的种类

土壤的成分和质地决定土壤蓄水、透水、保温、导热、肥力、pH 值和可耕性等的重要因素，不同土壤对植物的生长有很大的影响。根据公路绿化的特点可以把不良土壤分为：

（1）生土。这里所指的生土特指耕作层以下的土壤；

（2）死土。是指土性不良、不利于耕作或土中含有毒物的土。

6.1.2.2 不良土壤改良的主要措施

对于生土，要创造一个适宜植物生长的环境，需要对其物理机械性能、质地和含水率等进行改良，改良的关键是调节土壤质地和控制土壤水分。其主要措施是：

（1）增施有机肥。利用有机质疏松多孔、吸收性强的特点，改变土壤颗粒之间的联结性质，以降低黏质土壤的黏结性和黏着性，减少耕作阻力；对砂质土壤则可通过有机质增强团聚，使之不致过于松散。

（2）通过掺砂和黏土，改良土壤质地。黏质土壤在南方非常多，特别是生土，由于土壤多是从地下 3~5m 以下翻上来的生土，没有团粒结构，土壤可塑性非常强，干时收缩，湿时膨胀，这样的土壤对植物生长非常不利，吸水膨胀时使土壤密实而难于透水、透气，干燥收缩时会扯断植物的细根和根毛，并造成透风散墒的裂隙。沙粒无膨胀性，在这种土壤中掺入沙粒可以有效地降低土壤的可塑性。沙土含量高的土壤保水保肥能力差，特别是对于公路边坡，坡面本来就难于存水，如果土壤中沙粒的含量再高，干旱季节水分蒸发量大，植物易受害而死，雨季容易遭受雨水冲刷，边坡很容易坍塌。在沙土中适当加入一些黏土，一方面可以增加保水保肥能力，另一方面也增加了土壤的防冲刷能力。

（3）根据土壤的含水率掌握整地时期。在植物栽培的实践中依据所在地的土质情况，选择在最适宜的含水率范围及时耕作，此时犁耕阻力小，土壤可散碎成较多的团粒结构；最适耕作期的特征是：

①表土呈细裂，土块外干内湿；

②取一把土捏紧时可黏结成团，放开使其自然落地时，土团松散；

③进行试耕，以土块可被犁抛散而不黏附农具时为适宜。

对于土壤中含有有毒物质的土壤，根据所含的有毒物质种类采取相应的措施。盐碱含量高的土壤，施工中遗留的石灰是造成公路路域土壤 pH 值高（>7.5）的主要原因，含量过高就需要采用“客土”的方式，即把含石灰的土壤运走，换成可供植物生长的壤土；对于石灰含量比较少的土壤，一方面采取大水浇灌，使之尽快熟化，减少其腐蚀性，另一方面，增施有机肥或化肥采用偏酸性的肥料，以中和土壤中多余的碱性物质。

6.1.3 整地

公路绿化的整地不同于一般农业上的整地，它不仅包括常说的浅耕、耕地、耙地、镇压和中耕等 5 个步骤，在此之前的平整场地、削坡、换土等也作为其中一部分。

绿化工程场地平整多在路基工程完成之后进行，路基施工单位撤场后，遗留的场地多数凹凸不平，特别是在互通区面积比较大，如果场地不平，雨后多余的水难于及时清除，势必影响将来场地内的植物生长；坡面过于粗糙，雨水过后易形成大量小水沟，导致大量水土流失。因此在种植之前对场地进行平整是一项重要内容。场地不同采取的方法有差异，但是，高速公路绿化用地的整地必须依照绿化设计要求进行。

（1）互通立交区场地平整。依照绿化设计的要求先用推土机等机械设备将场地粗略整治之后进行灌水，把水浇透，使得土壤自然下沉并使坑坑洼洼的地方暴露出来，防止将来发生土壤塌陷，难于补救。待土壤干燥之后再用推土机等设备进行平整，直至整地达到绿化设计要求。

（2）边坡平整。路桥施工后产生边坡，多为生土，植物在其上生长非常困难，为了在边坡上种植绿化植物，可以采用换土，俗称“客土”；在平整场地的时候，多采用人工平整。

6.1.4 苗木的起苗与运输

苗木运输是苗木栽植过程中一个重要环节，特别是对于苗木数量大，本地苗木或数量不够或价格太高不能满足需要，必须从异地调苗。苗木的起苗以及运输过程中各环节控制的好坏会直接影响苗木栽植的成活率。

6.1.4.1 起苗

苗木运输第一个环节是“起苗”就是把苗木从苗圃地上挖起来。起苗操作技术的好坏，对苗木质量影响很大，所以起苗必须认真仔细，并按规定标准带足根系。

为了保证树木成活，提高绿化效果，起苗时必须注意苗的质量。要选生长健壮，无病虫害，树形端正，根系发达的树苗。具体要求如下：

①掘露根乔灌木的根系大小应根据掘苗现场的株行距，树木的干径、高度而定。一般情况下乔木根系可按树木胸径（高 1.3m 处）的 8~10 倍，灌木根系可按树木高度的 1/3 左右，攀援植物可参照灌木根系而定。

②掘常绿树的土球可按树木胸径的 7~10 倍，或按树高的 1/3 左右确定规格，黄杨的土球可按树高的 1/2 左右。具体规定如表 6-1 所示。

苗木起苗规定　　表 6-1

树木类别	干径或高度	根系或土球（坨）	打包的方式
乔木	3~5cm	50~60cm	
	5~7cm	60~70cm	
	7~10cm	70~90cm	
灌木	1.2~1.5cm	40~50cm	
	1.5~1.8cm	50~60cm	
	1.8~2cm	60~70cm	
	2~2.5cm	70~80cm	

续上表

树木类别	干径或高度	根系或土球（坨）	打包的方式
常绿树	1~1.2m	30×20(cm)	单股单轴，6 瓣
	1.2~1.5m	40×30(cm)	单股单轴，8 瓣
	1.5~2m	50×40(cm)	单股双轴间隔 8cm
	2~2.5m	70×50(cm)	单股双轴间隔 8cm
	2.5~3m	80×60(cm)	单股双轴间隔 8cm
	3~3.5m	90×70(cm)	单股双轴间隔 8cm

③生长缓慢的常绿树种如雪松、黑松等土球规格应加大一级采用，绿篱苗如桧柏、侧柏可降低一级规格采用。

④掘露苗根系切口要平滑，不得有劈裂根或将根拉断。

⑤掘带土球苗，应保证土球完好，土球要削平整，50cm 以上土球底要小，一般不要超过土球直径的 1/3，土球包装物要严，草绳要打紧不能松脱，土球底要封严不能漏土。

6.1.4.2 起苗的操作方法

起苗应按照下述程序进行：

①凡从绿地掘苗应进行号苗，号苗用颜色在所选树上做出明显标记。

②掘苗处土壤过于干燥，应在掘苗前三天浇水一次，待水渗下后再掘苗。

③掘露根苗，铁锹要锋利，需按规定根系掘苗，挖够深度后再向内掏底，将根铲断，放倒树木打掉土坨。掘苗时如遇较粗树根应用锯锯断。

④露根苗掘下后应立即装车运走，如不能运走，可在原坑埋土假植，并将根埋严，如假植时间过长应设法适量浇水，保持土壤中的湿度。

⑤在掘常绿树或灌木前应用草绳将树冠围拢，但不要过紧，以不伤枝条为准。掘的根系和土球应保证规定的尺寸。掘前以树干为中心画一圆圈标明根系和土球(坨)大小，一般应较规定的尺寸稍大，掘时从圈外挖掘，掘土球的形状应为红星苹果形。

⑥掘土球应先铲去表面浮土，去浮土以不伤树根为准。掘时在所画圈外挖沟，沟宽以便于操作为准，掘的沟要上下一样宽，随挖随修土球。应注意挖时脚不要踩土球以免将土球踩坏。挖至深度后再向中心挖底，50cm 以上的土坨底部应留一部分不挖以支撑土球，按形状挖好土球后在土球兜草绳处挖一小槽以利打包。

⑦打包：土球规格在 40cm 以下，土质坚硬的可在坑外打包。先将蒲包放好，捧

出土球放入包内，但应注意：将树苗移出时，只允许搬动土球，扶住树干，慢慢放入包内，用包包严后再按规定将草绳捆紧。直径在 50cm 以上的土球均应在坑内打包，有些土球直径虽在 40cm 以下，但由于其质软、沙性大、易散坨，因此也需在坑内打包。所用蒲包草绳应在使用前一天浸水，以增加强度，可使草包打严，草绳勒紧。50cm 以上土球如土质松软的土球，应修好土球后先围腰绳，腰绳宽度应根据土质而定，围好腰绳再用蒲包将土球包严，用草绳将蒲包固定，进行打包。打包时二人对面配合操作，随绕草绳随用砖头或木锤顺着草绳前进方向一人锤打另一人拉绳，捆绕草绳应特别注意底部草绳一定要兜好勒紧顺序码齐。将包打好后留一绳头绕在树干的根基础，打好包后再围上腰绳，腰绳宽度应根据土球大小而定，一般为 6~10 道，绕腰绳要从上往下绕位置适中，围完腰绳再上下用力斜穿好固定腰绳不使滑脱，最后进行封底，封底前在顺树倒的方向的坑底处先挖一小沟并将封底用草绳紧紧拴在腰绳上，然后将树推倒，用蒲包兜底封严，用草绳错开勒紧，捆成双十字形或五角形。

6.1.4.3 装车、运苗、卸车、假植

装、运、卸、假植树木时均要保证树木根系、土球的完好，不得折断树木主尖、枝条、不要擦伤树皮，卸车后不能立即栽植的苗木应埋土假植保护好根系。

运苗装车前押运人员应按所需树种、规格、质量、数量认真检查核实后再装车。苗木装运中的注意事项如下：

①装运露根苗木时，应根向前，梢向后，顺序码放整齐，在后车厢处应垫草包或蒲包以免磨伤树干，注意树梢不要拖地，装好后应用绳将树干捆牢，捆绳时亦垫上蒲包不使勒伤树皮。

②装运灌木也可直立装车，凡运距较远的露根苗木应用苫布或湿草袋盖好根部以免风干影响成活。

③装运带土球苗木时，高度在 2m 以下可立放，2m 以上应斜放，装时土球向前、树干朝后，土球应放稳、垫牢、挤严，土球码放层次不要过高，40cm 以下土球码放最多不得超过三层，40cm 以上土球最多不得超过两层，并应注意不要损坏树枝。押运人员应在车槽内，不要站在土球上。行车时，驾驶员遇坑洼处行车要缓，以免颠破土球影响成活。

④苗木运到工地后按指定位置卸苗，卸露根苗时要从上往下顺序卸车，不得从下乱抽，卸时应轻拿轻放，不许整车往下推以免砸断根系和枝条。卸土球苗时，40cm 以下可直接搬下，但要搬动土坨不应只提树干；卸 50cm 以上的土球苗可打开车厢板

放上木板，从板上滑下，车上人拉住树干，车下人推住土球缓缓卸下；如土坨较大超过 80cm 卸时应在土球下先兜上绳子、一头捆在车槽上，另一头由 2~3 人拉住，使土球轻轻下滑，卸苗时注意不要折断树枝和使土球歪斜，卸下后将树立直放稳。

⑤卸车后不能立即栽植时，露根树应临时将根部埋土或用苫布、草袋盖严，也可事先挖好宽 1.5~2m，深 40cm 的假植沟，将苗码放整齐，一层苗一层土，将根部埋严。如假植时间超过 7 天以上时，则应适量浇水保持土壤湿润，带土球苗临时假植应尽量集中将树直立土球垫稳，假植时间较长则应在土球和枝叶上经常喷水以增加空气中湿度和保持土球土壤湿润，但水量不宜过大以免将土球泡软再搬运时土球变形影响成活。

6.2 乔木和灌木的绿化施工

6.2.1 栽植的质量要求

（1）栽植前为了减少水分蒸发，保持树势平衡，保证树木成活，进行适量的修剪是必要的。修剪时必须剪口平滑，并注意留芽位置，根部修剪剪口也必须平滑，修剪要符合自然树形和按设计要求而定。分枝点的选留，对主干明显的杨树类必须保持中央领导干的正直生长，行道树分枝点高度为 2.2~2.8m。灌木修剪应保持其自然树形，短截时树冠要保持外低内高，疏枝应保持外密内疏，对枯枝、感染病虫害枝、断枝应剪去。

（2）栽植的位置要符合设计图纸要求。栽时树木高矮、干径大小要搭配合理，排列整齐，栽植的树木本身要保持上下垂直不得倾斜，树形好的一面要迎着主要方面，栽植行列树必须要横平竖直，树干应在一条线上相差不得超过半个树干，树木高矮相邻树木不得超过 50cm，栽植绿篱株行距要均匀，丰满的一面要向外，高矮树冠大小要搭配均匀合理。栽植填土要分层填实，栽植深浅要适合，一般树木应与原土痕平，个别速生树木如杨柳树等可较原土痕深栽 5cm。栽植带土球树木土球的包装物应尽量取出。

（3）散苗要按设计位置散苗，散苗时注意保护根系、主干树尖、枝条和土球的完好，以保证树木的成活。

6.2.2 刨坑

6.2.2.1 刨坑刨槽的规格要求

①刨坑刨槽位置要准确，坑径应根据根系、土球大小及土质情况而定，刨坑刨槽要直上直下成桶形，不得上大下小或上小下大，否则造成窝根或填土不实。

②坑径一般可按规定的根系或土球直径大 20~30cm，具体规定如表 6-2、表 6-3 所示。

③如遇土质过黏、过硬或含有有害物质如白灰、沥青等，则应加大坑径 1~2 号。

乔、灌木干径或树高相对应的树坑规格　　表 6-2

乔木干径（cm）	—	—	3~5	5~7	7~10	—
灌木高度（m）	—	1.2~1.5	1.5~1.8	1.8~2.0	2.0~2.5	—
常绿树高度（m）	1.0~1.2	1.2~1.5	1.5~2.0	2.0~2.5	2.5~3.0	3.0~3.5
坑径（cm）	50 × 30	60 × 40	70 × 50	80 × 60	100 × 70	120 × 30

篱高度与相对应的坑槽规格　　表 6-3

绿篱高度（m）	1.0~1.2	1.2~1.5	1.5~2.0
单行坑（cm，宽 × 深）	50 × 30	60 × 40	70 × 40
双行坑（cm，宽 × 深）	30 × 40	100 × 40	120 × 50

6.2.2.2　刨坑的操作方法

①刨坑时要找准位置，以所定位置为中心按规定坑径划一圆圈作为刨坑的范围。

②挖坑时应把表土与底土分别置放，如土质有好有坏亦应分开堆放。堆放位置以不影响栽植为宜。刨坑到规定深度后在坑底垫底土。

③挖坑的坑壁要随挖随修使其成直上直下，不要成锅底形。

④刨坑时如发现地下管道、电缆等地下设施应停止操作，并及时向项目监理报告解决。

⑤在斜坡处挖坑应先做成一平台，平台应以坑径最低规格为依据，然后在平台上再挖坑。

6.2.3　栽植的操作方法

（1）修剪工作。对高大乔木应在散苗前后进行，即在栽植前进行；高度在 3m 以下无明显主尖的乔木和灌木，为了保证栽后高矮一致、整齐美观，可在栽植后修剪。疏剪的剪口应与树干平齐不留枯橛以免影响愈合；短截时注意留外芽，剪口距芽位置要合适，一般离芽 1cm 左右，剪口应稍斜成马蹄形；修剪 2cm 以上的大枝剪口应涂防腐剂，可促进愈合和防止病虫雨水侵害。

（2）散苗。散露根苗应掌握随掘随运随散苗、随栽植，尽量缩短根部暴露时间以利成活。散苗时要轻拿轻放，行道树散苗要顺路的方向放树苗，不得横放路上影响交通；散带土球树木，要注意保护土球完整，搬运土球时不得只搬树干，尽量少滚动土球；

散 50cm 以下土球可放在坑边，散 50cm 以上土球应尽量一次放入坑内，但深浅要合适。

（3）栽植前对露根苗的根系要进行修剪。将断根、劈裂根，感染病虫害根，过长的根剪去，剪口要平滑，带土球苗和灌木应将围拢树冠的草绳剪断，以便选择树形好的一面。

（4）栽植前检查坑的大小，深度是否与根系、土球规格标准要求的坑径一致，不符时应修整，如需填土填好后落实。

（5）栽树时不得歪斜，要保持树木上下垂直。有树弯时应掌握树尖与根部在一垂直线上即可，行道树的树弯应在顺路的方向，与路平行；如为自然树，孤立树应注意好面朝主要方向，并尽量朝迎风的方向。

（6）栽植露根树木应根系舒展，不使窝根。立直树后填入表土或好土，再将树干轻提几下使土与根系密接，并应随填土随用脚踏实，踏实时注意不要踩树根以免将树根踩坏，栽植深度应符合规定。

（7）栽行道、行列树必须横平竖直，栽植方法可每隔 10 或 20 株按规定位置准确的栽上一株标志树作为依据，然后再分别栽植。

（8）栽植带土球树木，要尽量提草绳入坑，摆好位置和高度后用土铲放稳，再剪断腰绳和草包。栽绿篱时如土球完整，土质坚硬应在坑外将包打开提干捧土坨入坑。坑内拆包应尽量将包装物取出，如有困难亦应剪断草绳，剪开草包尽量取出所余部分。然后填土踩实，踩实时不要砸坏土坨。

（9）栽植较大规格的常绿树和高大乔木时应在栽植时埋上支柱，支柱应埋在 30cm 以下，支柱要捆牢，注意不要使支柱与树干直接接触以免磨伤树皮。立支柱方向应在下风口。

（10）灌水、封堰，栽植后 48h 之内必须及时浇上第一遍水。第二遍水要连续进行，第三遍水在二遍水后的 5~10 天内进行，秋季植树如开工较晚可少浇一遍水，但灌水量要足。具体规定如表 6-4 所示。

株高与浇水量和树堰规格 表 6-4

乔木及常绿树（株）（m）	3~6	5~7	7~10（3~3.5）
灌木（株）（m） 绿篱（株）（m）	1.2~1.5 1~1.2	1.5~1.8 1.2~1.5	1.8~2.2~2.5 1.5~2.0
浇水量（kg）	50~75	100~200	250~400
树堰规格（内径）（cm）	60~70	80~90	110~130
树堰高（cm）	15~20		

春、雨季植树浇完第三遍水待水渗下后应及时进行中耕扶直或封堰；秋冬季栽植浇完最后一遍水应及时封堰，并在树干周围堆成30cm高的土堆，以保持土壤中的水分和防止风吹树干造成空隙影响成活。中耕封堰时应将土填实将树木扶直。浇水量应参考以上具体规定，并根据树木品种、天气情况、土壤含水率而定。

6.3 草坪及地被植物的绿化施工

6.3.1 播种与灌溉

草坪种子一般比较小，拱土能力差，不宜深播，所以多采用撒播的方式播种，播后用钉齿耙沿一个方向耙，然后镇压，保证种子与土壤充分接触。

播后要注意保湿，保证种子发芽所必需的水分，同时又要防止土壤板结。所以最好加覆盖，一则可以防止土壤水分蒸发，二则可以防止降雨或灌溉造成的土壤板结和水土流失，三则还可以保湿促使种子尽早出苗。

由于边坡与平地的环境条件相差较大，为此在边坡上植草时必须经过特殊处理。坡面植草的方法很多，每一种方法都有其优缺点，所以应该选择适应当地的土质条件和施工时期的方法。

（1）判断种草的可能性。应用硬度计测定土壤的硬度。硬度在23以下时，苗容易扎根；超过这一指标，扎根逐渐困难起来；当土壤硬度超过27时，草坪的根则根本扎不下去。

（2）选择合适的草种。最好选用具有深根系、耐干旱和有匍匐茎或根状茎的草坪草，因为边坡首先要考虑防止水土流失，确保路基的稳定。

（3）选择适当的施工工艺。可供选择的方法有：植生带、土工网或三维网、喷播、点穴或挖沟施工法等等，每一种方法都有其优缺点，表6-5简要列举了几种坡面施工方法的优缺点。

不同边坡植草方法比较　　表6-5

名称	施工方法	特　点
植生带	用无纺布构成，中间夹有草种使用时将其平铺在边坡上，上面覆盖一层沙壤土	1. 施工方便； 2. 可以用于1∶1.5~1∶2.0的边坡； 3. 可以全面绿化
喷播	将种子、肥料、土壤稳定剂、覆盖材料和水按一定的比例混合成泥浆状喷射到边坡上	1. 可以在陡坡上施工； 2. 全面绿化、最快； 3. 如不追肥容易发生缺肥现象
	将种子、肥料、碎稻草或麦秸等在水中拌匀，用泵喷在边坡上	1. 能大面积迅速施工； 2. 全面绿化； 3. 容易缺肥

续上表

名称	施工方法	特点
土工网垫（或三维土工网垫）	1. 首先修好坡面，施足基肥； 2. 撒种； 3. 铺上土工网并覆土	1. 能在陡坡上施工； 2. 护坡效果好； 3. 全面绿化； 4. 造价较高
穴播	在坡面上挖穴，在穴中放入固体肥料、加土，在插入种子，培土，并喷洒保墒剂	1. 主要使用在不良土质的挖掘面； 2. 覆盖速度较慢
条播	在坡面上间隔 10cm 挖 5~10cm 深的沟，沟内放入肥料，垫土，播种，培土镇压	1. 用于 1∶1.5~1∶2.0 的边坡； 2. 成本较低； 3. 可大面积施工； 4. 覆盖较慢

（4）边坡的立地条件差，管理跟不上。一般情况下，当年种植的草坪，经过 2~3 年后随着外来种的侵入，逐步被取而代之。所以为了使草坪保存时间更长，可以选用当地野生的多年生低矮的禾本科或豆科牧草作为草坪用草，在当年种植的草坪中可适量加入一些豆科牧草以增强土壤肥力。

此外，在一些土质不稳定的边坡单纯依靠植物护坡往往不很可靠，所以常采用与防护工程相结合的方式。

6.3.2 无性繁殖方式

无性繁殖是利用草坪草的匍匐茎或根状茎以及草皮块进行植草的种植方式。利用无性繁殖建植步骤如下：

（1）选择健壮的苗；

（2）松土，这是植草种非常重要的一环。松土的厚度为 20~30cm 左右，并清理土中的碎石块及其杂物等；

（3）施肥，以有机肥为主，培肥同时也改善了土壤结构，为草坪的生长创造一个适宜的生长环境；

（4）预先浇水，增加土壤墒情；

（5）植草；

（6）有一段时间的缓苗期，这段时间特别注意保湿，促使移来苗的生根。

6.3.3 不同植物混播

从种群生态学的角度讲，混播（主要是指乔、灌和草）有利于提高群落的稳定性和抵御不良自然灾荒的能力；水土保持效果也比单一种草或种树好得多。但是由于不同的植物其早期生长速度不同。例如，早熟禾和黑麦草同胡枝子混播，早期草本植物黑麦草和早熟禾生长很快，而胡枝子早期生长比较慢，在这个组合中如果草本植物量太大，胡枝子出芽后就会因为得不到阳光而逐步死亡。如果草本植物量太少，则早期不能马上起到防止水土流失的作用。因此在选择植物混播时，要根据所在地的气候条件和混播的植物种类，确定它们之间的混合比例。

6.4 乔木和灌木的绿化管理

6.4.1 修剪和整形

整形修剪是公路绿化中的重要养护管理措施。整形是指将植物体按其习性或认为意愿整理或盘曲成各种优美的形状与姿态，使普通的植物提高观赏价值，起到其他植物起不到的观赏效果。修剪是指将植物器官的某一部分疏除或截去，达到调节树木生长势与更新复壮的目的，因为除了盘曲枝条外，还需要通过修剪枝条长度、数量来实现，整形离不开修剪，修剪是实现整形的手段之一。故在实践中习惯将二者合称整形修剪。

6.4.1.1 整形修剪依据

树木修剪的原则是以轻为主，轻重结合，既要考虑公路的特殊需要，又要考虑树势的平衡，防止早衰和利于更新复壮，最大限度地延长树木使用年限，做到当前与长远相结合。公路上应用的树木种类很多，各自的生物学习性、形态各异，种植在公路不同地点其要求也不一样。具体到每一棵树应采用何种整形修剪方式，应根据树木的分枝习性、功能需要以及环境条件等综合考虑。

①根据树种的生长习性考虑，树木的分枝习性、萌芽力与成枝力的大小以及伤口愈合的能力各有不同，修剪时应区别对待。以单轴分枝方式为主的针叶树种，主干通直高大，应以自然树形为主，以促进顶芽逐年上长，修剪时控制中心主枝上端竞争枝的发生。凡萌芽力、成枝力及愈合能力强的树种，称之为耐修剪树种如黄杨、悬铃木等，其树形不局限于那一种，修剪方式可根据公路需要而定。萌芽力、成枝力及愈合能力弱的树种称之为不耐修剪植物，如桂花、兰花等，这类树是能轻剪，少疏枝或不疏枝，只能剪除过密度枝及干枯老枝等。

②根据树木在公路绿化的需求和功能，如中央隔离带的树木主要为防眩，而互通区中的树木主要供观赏，因此修剪时要求也不一样。如桧柏在中央隔离带修剪成圆柱形，而在互通区多为塔形，有时修剪成球形。

③根据树龄树势决定，不同年龄的树木应采用不同的修剪方法，幼年树应围绕如何扩大树冠，形成良好的树形。壮年树通过修剪来调节营养生长与生殖生长的关系，

防止不必要的营养消耗。衰老的树通过回缩修剪刺激休眠的隐芽萌芽，长成壮枝以替代衰老的大枝。

6.4.1.2 整形修剪时期

①冬季修剪（休眠期修剪），落叶树从落叶开始至春季萌芽前修剪。这段时期内树木生长停滞，植物体内的营养大多集中在根部，修剪后营养损失最小。

②夏季修剪，主要针对常绿树种，它们没有明显的休眠期，由于冬季低温，此时修剪伤口不易愈合，故一般在夏季修剪。

6.4.2 水肥管理

水肥管理主要是指树木施肥和浇水的管理，它是树木养护管理的核心。在公路征地范围内，由于公路本身的特点，特别在高速公路，严禁穿行，为了保证行车安全，就要适当减少浇水施肥次数，这就对水肥管理提出更高的要求。

6.4.2.1 灌溉

（1）灌溉时期。灌溉时期主要根据植物各个物候期需水特点、当地气候和土壤内水分变化的规律以及树木栽植的时间长短而定。新栽植的大树大苗，为保证成活和生长，土壤需要保湿，并视情况向枝干喷水，特别在干旱少雨的地区。原先定植的树木，在春旱比较严重的北方地区，及时浇返清水可以促进植物旺盛生长。夏季是树木生长旺期，需水量大，此时气温高，植物蒸腾作用强烈，如久旱无雨，要及时灌水，特别是那些耐阴树木，叶片比较大，抗旱能力弱，全年都要加强水分的管理。

灌溉时应按轻重缓急安排顺序，新植树＞阔叶树＞春花植物的优先顺序，针叶树和定植若干年的树木可以略缓。

（2）灌溉的水量和方法。上面已经提到在公路路域浇水次数不宜太多，因此在浇水时除了盐碱地之外，采用一次要浇足浇透，对于盐碱地生长的树木，浇水过深容易使土壤返碱和返盐，可适当采用少量多次的手段。

灌溉的方法很多，常用的方法和灌溉、树盘灌溉、喷灌、沟灌以及滴灌、渗灌等。不论哪种灌溉形式，在灌溉过程中均应注意：

①水源水质必须对植物没有毒害作用；

②灌溉前先松土，灌溉后待水分渗入土壤、表土层稍干时，进行松土保墒；

③夏季灌溉在早晚进行。

6.4.2.2 施肥

肥好比植物的粮食，要保持树木正常生长，单靠土壤中存储的及自然降雨带来的营养，满足不了树木生长的需要，特别是公路征地范围内，由于施工的影响，土壤多为生土，含的营养物质极少，为保证植物正常生长，必须要施肥。由于同一种类、同一数量的肥料，给同一植物施肥时，因施入的时期不同，收到的效果也不同。所以只有在植物生长最需要营养物质时施入，才能取得事半功倍的效果。具体的施肥时期由下述几个因素决定。施肥应同植物的年生育期相结合，一年内植物生长经历不同的物候期，即根系开始萌动、萌芽抽梢、开花结果和落叶休眠。每个物候期来临时，这个物候期就是树木当时的生长中心，树体内营养物质的分配，也是以当时的生长中心为核心的，因此在每个物候期即将到来之前，施入当时生长所需要的营养元素，才能使肥效充分发挥作用，树木才能茁壮成长。如果施肥不当，肥效差不说，还会产生相反作用。

（1）施肥时期。一年之内，根系与地上部分萌发之前及秋末落叶之后均在生长，在早春根系生长之前，施入肥效比较长的有机肥作为基肥并适当加入磷肥，对根系生长十分有利。早春时速效性肥料不应过早，过早根系尚未恢复生长不能吸收，养分容易流失。

一句话，掌握树木生长中心的转移和养料分配的规律，适时施肥，一可以提高肥效，二可以减少施肥的次数，减少工作量。

施肥期与树种栽植的环境有关，公路路域种植的树种很多，有观叶、观花、观果及行道树等之分。它们对营养元素的种类、施用时期上要求不同的，行道树和针叶树等属观叶类树，早春开始就以氮肥为主，促其枝叶迅速生长，枝叶浓密，遮荫效果好，夏季也可以多施一定量氮肥，但要注意防止枝叶疯长，纤维含量下降，影响越冬。前期生长比较快的树木如油松、黑松、银杏等，枝叶迅速生长期在3~6月，在冬季施足基肥及早春追肥非常重要，这样可以确保枝叶生长旺期所需要的养料，为树木全年的生长打下基础。过晚施肥效果不好。高生长属全期生长型的树木，如榆树、雪松、悬铃木等，枝条除冬天外，全年生长。这类树木除休眠期施基肥外，枝叶速生长期还应追肥，只有这样才能保证养料的充分供应，使树木全年生长良好。如春季施肥不足，可在6月份左右速生长期以追肥形式补充养料，在一定程度上弥补春肥不足，对树木的全年生长不致带来过大的影响。

早春开花的乔、灌木如海棠、梅、桃、迎春等，为使春季开花量多、朵大，应与花前施肥，或在冬季施基肥。花后树木进入营养生长旺期，与4~5月施以氮肥为主的肥料，当枝干骨架形成后要控制氮肥量防止陡长，还应增施磷肥使植物顺利通过花芽分化。对夏天开花的植物，春天以富含氮肥的有机肥作基肥，促使枝叶旺盛生长，为开花打好基础，5月份左右增磷肥促进花芽分化。

一年多次抽梢、多次开花的树木如月季、紫薇、蔷薇等，除休眠期施基肥外，如条件允许，应及时追肥，由于开花消耗营养很多，及时补充营养可以防止植物早衰。一般是花后立即施以氮、磷为主的肥料如二铵既含磷又有氮，即促枝叶又促开花。

总之，植物的施肥时期应随树种、年生育进程及肥料种类灵活而科学掌握。

（2）施肥方法。土壤施肥的深度由根系的深度决定，小灌木如迎春、火棘、月季、小檗等，根系分布较浅，施肥时不易太深。一些深根性的树种，如用作行道树的杨树、元宝枫等，还有部分针叶树，施肥时可以适当深一些。一般土壤施肥深度在20~50cm左右，施肥的深度和范围还应随植物的年龄增加而适当增加。另外，不同的肥料种类，由于化学性质不同，其要求的深度也存在差异。不同肥料中所含的营养元素在土壤中的移动情况不同，容易移动的元素，如可溶性氮，其在土壤中移动比较快，在浅层施肥时可随灌溉或雨水深入深层。易被土壤固定而在土壤中移动比较慢的元素，如磷和钾，应施在根系分布比较密的土壤层附近，供根系吸收利用，减少土壤的吸附，充分发挥肥效。基肥一般采用肥力释放比较慢的有机肥为主或缓施肥，其中有机肥要求为腐熟分解过的，并有一定的湿度，应深施。追肥以速效肥为主，释放快，肥效快，应适当浅施。土壤施肥的方法有环状施肥法、放射状施肥法、穴施及全面施肥法等。

6.4.3 病虫害的防治

病虫害，树木病虫害的种类非常多，不同病虫其寄主范围不同，有的专业性很强，如危害海棠、苹果等的锈病；有的寄主范围很广，如天牛，其寄主范围可达数十个属，上百种植物。病害和虫害的特征，预防和防治措施、发生发展规律上也有一定的区别。

病虫害的防治应采取“预防为主，综合防治”的原则。从经济效益出发，采取多种措施，综合防治控制病虫害的发生。综合治理一方面利用自然控制，另一方面根据需要协调多种防止措施，把有害生物的种群密度控制在经济受害允许密度以下。采取的措施主要有生物防治，包括用生物代谢物、信息素、抗性植物品种、捕食或寄生者；栽培措施防治；机械或物理防治和化学防治等。

6.4.3.1 植物检疫

在苗圃调苗时，就应向当地植保植检部门了解疫情。防止调入携带病虫害的种苗。

6.4.3.2 栽培措施防治

树木生长质量与病虫害的发生有关，树木生长见状旺盛，其抵抗病虫害的能力强，在很多情况下树木患病，不是因为环境利于病虫害的发生，而是树势比较弱。因此除做好一切的养护管理外，在施工图设计阶段应合理选择树种，适地适树。在土壤条件不相适应时，特别是公路路域内，各种废弃物很多，尤其是粉状污染物，在土壤中不容易消除，所以最好采用客土栽植。异地调苗时，要慎重考虑苗源所在地的气候条件，要采取相应的保护措施。只要树种选择合适，养护得当，就可以减少病虫害发生的概率。另外，在不同植物搭配时，要避免将两个转主寄生的树木邻近栽植，如梨锈病，它的生活史中需要有一个阶段在桧柏上才能完成世代交替，如果把苹果梨等与桧柏种植在一起，很容易导致锈病的发生。设计时选择的树种要广，不能太单一，特别是行道树和中央隔离带上，应每隔一定距离换一种树种，一旦某一种病虫害发生，不至于迅速蔓延，可起到一定的阻隔作用。

6.4.3.3 整形修剪

它可以改善树冠的通风透光条件，降低树冠内的湿度，使一些喜阴湿的真菌不能生存如疫霉和腐霉类，剪下来的枯枝、病叶等，及时清除或烧掉，防治病虫害的传播。

6.4.3.4 化学防治

化学防治在目前特别是在公路系统内仍是最主要的防治病虫的措施。虽然化学防治长期连续不合理的使用，带来很多副作用，特别是抗药性的产生。但是在目前的情况下不是取消或轻视化学防治，而是如何正确科学地使用农药、合理用药。它的优点是收效快，急救性强，不论是病虫害发生前还是发生后，一般都可以迅速控制，并能及时取得显著效果。对于一些短期内即能造成严重危害的病虫害进行防治时，化学防治的优点尤其突出。在使用药剂的时候同一品种不能长期使用，否则容易产生抗药性，最好几种农药轮换使用。另外，病虫害往往不是一种虫或病，经常是一种复合状态，几种虫（或病）共同危害，所以在使用农药时，可依据发病情况及农药的理化性质进行混配，达到控制多种病虫的目的。

6.5 补植

在公路绿化施工中，再理想的管护措施也难免出现部分苗木死亡的现象，因此需要补植。补植方法与一般栽植基本相同，但由于种植时间上滞后，不是在植物最适合的生长季节，而公路不会允许一年以后再补植，因此需要采取部分特殊的措施。

夏季补植，主要针对春季栽植死亡的树木。由于发现死亡后正是植物生长旺季，此时不宜补植，但树木夏季有 20 天左右的生长比较缓慢的时期，此时春梢停滞生长，

其他枝尚未发芽。如此时补植，选择春梢停止生长的苗，配合重剪和向枝叶上喷水控制小气候，如果是裸根可以采用泥浆沾根或适当带部分原来的土壤，若养护得当基本可以保证成活。此外还可以用生长素处理根系，促使根的发生；对于土球苗木，可以加大土球量，并采用重剪、叶面喷水等措施。改善小气候条件，减少水分蒸发。

夏季种植的苗木主要为常绿树种，特别是桧柏类占的比重很多，发现死亡多在秋季，如果种植所在地的冬季不是很冷、风很大，可以在秋末补植。

6.6 草坪及地被植物的绿化管理

高速公路的互通立交区、服务区和中央隔离带景观效果应比较突出，管理上比较精细，其他地点相比较而言管理可以粗放一些。所以种草时应该根据现有的财力、物力及景观要求，抓住几个主要环节进行管理。下面是草坪中后期的几个重要管理措施。

6.6.1 草坪修剪

边坡上的草坪多为一些矮生的种类，常见的有结缕草、狗牙根、野牛草、白三叶等，基本上不用修剪，但如果覆盖不良可以通过修剪刺激分蘖增加覆盖度。修剪有以下 4 个目的：

①使草坪有更高的景观价值；

②改善通风透气性，减少病害的发生；

③抑制一年生杂草的生长，多次修剪可以抑制杂草生殖芽的发生，使之不能开花结果，从草地中退出；

④合理的修剪可以刺激草坪增加分蘖，形成致密的草坪。

草坪修剪处理不当，会造成草坪退化，合理修剪十分重要。决定修剪质量好坏有两个重要因素：修剪时间和频率、修剪高度。

6.6.1.1 修剪时间和频率

草坪修剪时间和频率不仅与草坪的种类有关，如黑麦草生长比较快，自然修剪次数就多，而且还与草坪的生长时期有关，在草坪生长旺期，如暖地型草狗牙根和百喜草在夏季修剪次数相应增多，而秋季为了能安全越冬，修剪次数适当减少，便于营养积累。

6.6.1.2 留茬高度

所谓留茬高度是指草坪修剪后留在地面上的高度，草坪的留茬高度与草坪类型、品种、用途及管理水平有关，如高羊茅的留茬高度比狗牙根高。互通立交区、服务区和中央隔离带的管理水平要比边坡高，但不及园林，其修剪高度应比规定的高度高出 2~3cm，修剪频率也少。草坪的修剪原则俗称 1/3 原则，即每次修剪时，剪掉的部分不能超过叶片自然高度的 1/3。在草坪允许修剪范围内修剪次数越多草坪质量越好。夏季冷地型草处于休眠状态可以适当提高留茬高度，暖地型草坪夏季生长旺盛留茬高度不变，入冬前提高留茬高度以便增强其抗逆性。留茬高度对草地的质量影响很大，过高则景观效果差，通风透光差，容易滋生病害；过低则容易损伤生长点或营养，植物自身无法恢复，导致草坪出现退化。

6.6.2 草坪的水肥管理

草坪的水肥管理原则与乔灌木水肥管理是一致的，都要与植物生长发育时期相配合，但草坪有其一定的特殊性。

6.6.2.1 灌溉

由于多数草坪根比较浅，根量 85% 集中在 5~15cm 的土壤表层，同乔木和灌木相比抗旱能力比较差。草坪草的 80%~95% 都是由水分组成，一旦含水率降至 60% 以下，就会出现死亡。

尽管我们在种植之初根据公路的地域特点选择抗旱性比较强的草坪品种，但是在干旱季节仍要补充水分。草坪是否要浇水，有一个比较简单的判断方法。用小刀往土壤中挖，检查 10~15cm 深度土壤是否湿润，决定是否浇水以及浇水量的大小。另外浇水量还与土壤质地有关，黏土保水能力强，可适当减少灌水量，砂土保水能力差，在浇水的时候量要加大。深灌溉，即土壤干至 10cm 时的灌溉，灌溉次数少，但灌水量大，这样有助于增强苗的抗旱性，减小劳动强度。浇水是一项技术性比较强的管理措施，除了上面所说的原则之外，还必须根据草坪的生长发育特性制订浇水计划和抗旱措施。

①“蹲苗”。这是初期管理中一个重要措施，草坪在苗期要保湿，但随着苗龄增长，逐步减少浇水次数，并且有意创造一个干旱的环境，利于植物根系的趋湿性，促使根系往深层发展以增强植物的抗旱性；

②浇水。浇水应与草坪生长发育和管理措施相协调，早春草坪开始返青，为促使其尽快生长在结合施肥同量，及时灌溉可以使草坪尽快达到覆盖，抑制后期单子叶杂草的生长。要及时补充水分和养料，维持草坪的健康生长；草坪修剪之后，要及时配合施肥进行灌溉，补充营养；秋末冬初草坪越冬之前浇足冻水，防止草坪受冻；

③浇水的时间。浇水一般集中在清晨和傍晚，一般不在太阳暴晒的时间进行灌溉，因为此时温度高，蒸发量大容易引起灼烧。清晨浇水，太阳还没有出来蒸发量小，损

失亦小；晚上浇水蒸发量也小，能有效利用水资源，但是晚间浇水后，在小气候条件中，空气湿度大，特别是在草坪修剪之后，植株存在伤口，适宜病原菌的传播和侵染。

除了浇水之外，还要作好雨季排水的准备，特别是互通立交区和服务区内，在施工图设计时，草地应有一定的坡度，使多余的水能排放到排水沟，以防草坪内积水。

6.6.2.2 施肥

草坪也需要施肥，以保证其养分。草坪施肥应与其生长发育特点相配合。早春，草坪开始返青，对水和肥的需求量都大，此时及时追肥可以促进草坪及早返青，培养壮苗，尤其是对氮肥的需求量比较大，因此在选用肥料时应选用 N∶P∶K=4∶2∶1 的比例。

春末夏初，草坪进入生殖生长期应加大磷肥的量，减少氮肥的量，可采用 N∶P∶K=2∶3∶2 的比例；秋季草坪的施肥，一方面可以延长草坪的绿期，另一方面可以提高其抗冻性。如有可能最好采用有机肥并适当配合速效肥。夏末秋初，特别是冷地型草坪，及时追肥（主要是复合肥）可以延长绿期，增强抗寒性。

施肥是一项技术性很强的工作，除了上面所说的之外，还必须考虑草坪特性、土壤条件进行综合考虑。首先要清楚草坪缺何种元素，然后再决定施什么肥，缺什么补什么。达到植物营养均衡，因为对于植物来说，16 种必要元素都是不可替代的。各种营养元素的含量过高或过低都对植物生长不利，缺乏会导致缺素症，过多则造成中毒。除此之外，某种元素施入量太多或太少，还会引发传染性病害。

6.6.3 中耕松土

中耕就是使用合适的机具在适宜时期人为划破草皮，改良草坪的物理性状和其他特性，以加快草坪枯草层的分解，促进地上部分的生长发育的一系列培育措施，包括打孔、松土、划破刺穿等。

6.6.3.1 打孔

打孔就是使用打孔器在已经板结的草皮内打出土柱，达到松土、通气、透水的目的。打孔的好处是，通过打孔，挖出土柱，使土壤自然膨胀，以达到土壤结构疏松，以达到土壤结构疏松，同时增加了坪床土壤层的通透性，使水分和肥料得以充分的利用，恢复草坪的正常生长。打孔一般在春秋两季进行。打孔有实心打孔和空心打孔，区别是：空心打孔有土柱打出，而实心打孔则无土柱打出。

6.6.3.2 松土

松土是指通过机械方式将草皮表面覆盖物除去的操作。它包括用不同的机械设备耙松土壤表面，使在土壤中草坪根系获得氧气、水分和养分。刺激土壤微生物的活动，活化土壤。松土通常采用弹齿式耙来进行。大规模特别是在比较大的互通立交区内可以采用松土机。

6.6.3.3　划破草坪

借助安装在高速旋转水平轴上的刀片进行近地面垂直切割，以清除草皮表面积累的枯草层，改变草皮通透性。冷季型草坪多在夏末秋初进行，暖季型在春末夏初进行。

6.6.4　草坪病虫害的防治

草坪的病虫害防治原则同乔灌，只是在具体防治措施上，由于草坪植株比乔灌木密度大的多，所以病虫害容易传播，发病的几率大，且防治更加困难。

6.6.4.1　草坪的病害防治

根据病害是否传播和侵染，可以分为：侵染性病害和非侵染性病害两类。非侵染性病害，主要是指一些生理性病害，最常见是生理性病害如缺素症。我们所说的病害主要是指侵染性病害，因为它能传播造成更大范围的危害，根据病原情况它又分为：真菌病害，占植物病害种类的 85% 以上；病毒病害、细菌病害、菌原体和类菌原体等。病害能否发生的决定因素是病原、传播媒介、感病寄主和环境；四个环节缺一不可。因此，在制订防病措施时主要围绕这四个环节进行，使病害得到有效控制。

①在种子调入之前由植保部门进行植物检疫。

②种子消毒。在种植之前进行消毒，消灭种子传播和土壤传播病害，控制病原传播。

③合理排灌。水分不仅对草坪生长有影响，对病原物的生长、侵入和繁殖起到极其重要的作用。当大气湿度在饱和状态下，叶片表面存在的自由水有利于一些真菌和腐生细菌的滋生。如真菌中的腐霉、疫霉等，以及细菌中的欧氏杆菌等。特别是在草坪场地内积水的时候，土壤中氧气很少，草坪根部呼吸以无氧代谢为主，植株生长势弱，一些根部病害如腐霉和镰刀菌根腐病危害严重。但土壤过于干旱，草坪也无法正常生长。所以应根据病原菌和寄主植物对水分的反应作具体分析，以便采取最合理的排灌方式。

④科学施肥。植物体内各种营养元素的组成比例对植物的抗性影响很大，某种元素过多或过少都会产生不利的影响。其中土壤中氮、磷、钾的数量变化对草坪的抗病性影响很大。实验中发现，夏季植物生长旺季，氮肥用量过大，植株徒长，引发多种病害的发生如白粉病、枯萎病、褐斑病（立枯丝核菌）等，适当加入磷肥和钾肥可以减轻发病率。因此在施肥这个环节通过均衡施肥培育壮苗，可以有效降低

病害的发生率。

⑤化学防治。即利用化学药剂对病害进行防治。在公路征地范围内，主要采取喷雾的方式进行喷药。

6.6.4.2 草坪的虫害防治

草坪上栖息着多种昆虫，其中有些昆虫对草坪造成严重的危害。

由于草坪植物的再生能力比较强，而且草坪还经常修剪。因此若单纯取食一般不会造成太大的危害，但有以下几种原因必须进行防治，一种突发性的虫害，如粘虫大暴发，对草坪危害极大，必须及早防治，另外一种是以刺吸式昆虫蚜虫为代表的，它能够传播植物病毒。防治的方法有：

①药剂防治；

②农业防治，主要用于早期预防，如坪床整理、清除杂草，均能减轻危害。

6.6.5 杂草的防除

所谓“杂草”是一种相对的概念，一种草本植物，当它出现在人们不愿意出现的地方称之为“杂草”。例如，当结缕草出现在农田里，我们认为它是杂草，但当我们把它种植在互通立交区内的时候，它就是草坪。在公路路域杂草造成的危害非常大，如果管理不当，往往 4~5 个月草坪就被杂草“吃掉”了。从古到今，尽管人们不断地想方设法清除农田杂草，但它们仍能够顽强生存下来。

杂草的防治方法很多，在公路上常见的方法有：

（1）农业防治。通过加强水肥管理，创造利于草坪生长而不利于杂草生长的环境。如冷季型草坪返春早，早春施肥，促进早生长，早覆盖，从而达到控制杂草的目的。因为杂草种子发芽后能否生存下来取决于竞争力，增加草坪竞争力而杂草的竞争力则相对下降。实践证明，草坪生长旺盛覆盖率高的地区杂草量少，因为它们得不到充足的阳光；反之草坪稀疏则杂草危害严重。因此通过施肥、浇水和修剪可以控制杂草的生长。

（2）机械防治。即通过人工拔草。

（3）化学防除。主要是采用除草剂，草坪建成后只能采用选择性除草剂，根据草坪中的杂草类型进行防除，例如，草坪中以禾本科草坪为主，其中生长有阔叶杂草，可以采用 2，4D 类（即 2，4- 氯苯氧乙酸，是一种主要的除草剂，也可用于植物生长调节），它主要用于防除双子叶杂草，而不能用于杀灭单子叶杂草。

7 高速公路绿化设计文件的编制过程及报审要求

GAOSUGONGLULÜHUASHEJI WENJIANDEBIANZHIGUOCHENG JIBAOSHENYAOQIU

7.1 绿化设计文件编制步骤

与公路主体工程文件编制程序相适应，高速公路绿化设计文件的编制一般分为以下三个步骤：

7.1.1 总体方案规划阶段

本阶段可看作是公路工程预可或工可报告的组成部分，在本阶段应该完成绿化设计基础资料的调查收集工作，并结合公路总体规划及沿线自然、人文景观的分布，提出公路景观绿化设计的设计理念、设计原则、设计目标，明确设计范围等。

7.1.2 方案设计阶段

本阶段与公路工程初步设计阶段相适应，是对总体方案的具体与细化，应在方案规划设计的基础上完成方案设计文件的编制。本阶段应完成的文件及图表内容如下：

7.1.2.1 设计总说明书

按有关设计编制要求及总体规划方案完成项目的总说明书编制工作，一般包括：项目概述、设计依据、工程概况、沿线环境概况、绿化设计的指导思想与基本原则、具体设计模式说明、植物的选择（并附植物名录表）、工程投资估算说明等项内容。

7.1.2.2 中分带、路肩、边坡、护坡道、碎落台及路侧绿化带的设计

这些项目绿化视为一般园林绿地场地进行规划设计，一般仅作植物栽植设计，对于上述区域的绿化方案应在“路基标准横断面图”中示出相应位置关系。同时应附图给出植物种类、规格、数量统计表一份，边坡防护应指明具体的种植方式和详细的工程量清单一份。

7.1.2.3 管理养护区、收费站、服务区及停车区等设施的景观绿化设计

上述区域应依据庭院园林绿化模式进行设计，视设计所需其设计文件中应包括绿

化栽植、花架、亭廊等园林小品、园路、场地铺装、花坛、桌凳等设施项目。

文件应完成如下内容：

①详细的设计说明一份，应写明设计原则、设计手法、植物配置方法等项内容。

②绿化总体布置图一份，图纸中包括：绿化植物配置图，植物品种、规格、数量的统计表，各种园林小品及设施的布置图。

③图纸比例尺与指北针，为便于图纸的拷贝与缩放，所有要求尺寸比例的图纸都应以“标尺比例尺”的形式给出比例尺。所有平面图均应给出指北针。

7.1.2.4 互通立交区的绿化设计

本项绿化视为一般园林绿地场地进行规划设计，一般仅作植物栽植设计和地形设计（有特殊要求时做庭院景观设计及主题雕塑设计），应完成如下文件内容：

①互通立交绿化设计说明一份。应写明设计原则、设计手法、植物配置方法等项内容。

②总体绿化布置平面图一份，同时随图给出植物种类、规格、数量统计表一份。

③互通立交绿化效果图，亦可视情况要求分区效果图。

④局部详图，对能够突出景观特色的重点区域（如图案栽植部分、主题雕塑等），应给出局部详图，同时图中相应标出所采用植物的种类、规格及数量；雕塑应给出平立面、效果图；应以图示方式标明本详图与总图的位置关系。

⑤场地规划图，提出互通区内土方平衡调配的原则措施，在满足交通功能要求的基础上，依景观所需及绿化功能设计微地形，标明微地形的范围，等高线间距等数据，并对土方工程数量进行估算。

⑥图纸比例尺与指北针，为便于图纸的拷贝与缩放，所有要求尺寸比例的图纸都应以“标尺比例尺”的形式给出比例尺。所有平面图均应给出指北针。

7.1.2.5 灌溉系统工程设计

该部分工程作为总体绿化的附属工程，其文件包括以下内容：

①详细的设计说明一份，应写明绿化区域的自然地理、地貌特征，尤其应注明水源的形式及分布位置；采用推荐喷灌系统方式的理由；相关的水力计算等。

②灌溉系统管线布置图一份，图中应表明水源位置；管线布设方式；所采用管线的管径指标；出水口（喷头）的精确埋设位置；各节点之间的间距（如喷头与支管之间、喷头与喷头之间等）。

③随图或单独列出设备清单一份，表中应明确各种设备的类型、型号、主要性能

指标、数量、生产厂家等。

7.1.2.6　投标文件编制

此部分内容应严格依据购买的招标文件有关要求按投标文件编制格式完成。

7.1.2.7　工程概算文件编制

按有关工程概算文件编制要求完成项目的概算文件编制工作，一般包括：编制说明、概算汇总表、分项工程概算表等项内容。

7.1.3　施工图设计阶段

本阶段与公路工程施工图设计阶段相对应，该阶段是对方案设计文件的具体化，使之具有可操作性，能作为景观绿化施工的依据。并应在方案设计的基础上完成景观绿化施工图设计文件的编制。

本阶段在方案设计基础上应完成以下文件图表：

7.1.3.1　中分带、路肩、边坡、护坡道、碎落台及路侧绿化带的施工图设计

本项绿化设计文件在方案设计阶段的深度已可满足施工要求，再结合相关工程设计图纸，标注出绿化方案相对应的具体适用桩号即可。

7.1.3.2　管理养护区、收费站、服务区及停车区等设施的景观绿化施工图设计

在方案设计基础上，施工图文件应完成如下内容：

①主要园林小品、设施（如花架、园路、场地铺装、园凳、水池、山石）的结构详图。

②植物栽植总平面图。

③绿化分区示意图，对于植物栽植总平面图视实际情况可分为若干张，以达到能清晰表明植物的种植关系为目的，图中还应给出施工放线基准点（明显的永久构筑物或道路中心线的某处桩号等）。

④植物栽植分区详图，图中应标明每棵植物的种植点，同种植物之间以种植线连接，并注明相互之间的距离。应以图示方式标明本图与总图的位置关系，给出植物品种、规格、数量统计表。

⑤竖向设计图纸。

⑥图纸比例尺与指北针。

7.1.3.3　互通立交区的绿化施工图设计

在方案设计基础上，施工图文件应完成如下内容：

①植物栽植总平面图。

②绿化分区示意图。对于植物栽植总平面图视实际情况可分为若干张，以达到能

清晰表明植物的种植关系为目的，图中还应给出施工放线基准点（道路中心线的某处桩号或跨线桥与主线的交点等）。

③植物栽植分区详图。图中应标明每棵植物的种植点，同种植物之间以种植线连接，并注明相互之间的距离（大面积栽植的植物可仅标明位置、名称、数量及株行距）。以图示方式标明本图与总图的位置关系，给出植物品种、规格、数量统计表。

④互通中图案造型，应单独给出大样图，图中注明放样基准点及放样的网络线。并随图给出植物品种、规格、数量统计表。

⑤雕塑，雕塑作为独立设计内容要求，图中应给出平、立、剖面图，结构图（节点及基础等关键部位）。并表明详细的尺寸关系、拟采用的材料等有关内容。并附图给出材料的工程量清单一份。

⑥ 竖向设计图纸。

⑦图纸比例尺与指北针。

7.1.3.4 工程预算文件编制

按有关工程预算文件编制要求完成项目的预算文件编制工作，一般包括：编制说明、预算汇总表、分项工程预算表等项内容。

具体实施过程中因项目的不同其绿化设计文件的编制也有所不同，一般是按以上步骤完成文件的编制。

7.2 河南省高速公路绿化设计文件编制要求

7.2.1 绿化方案设计要求

新建高速公路绿化方案要求项目公司委托具有相应资质的单位进行绿化方案设计，高速公路绿化方案应符合有关规范、文件的要求，要设计规范，内容完整，图文清晰。具体包括：

（1）设计总说明。路线所经地方的气候、自然风光等自然环境和历史文化、名胜古迹等社会环境；绿化方案设计特点；描述本地区适宜高速公路两侧种植的植物品种等。

（2）沿线各互通立交、收费站、服务区、停车区等位置平面示意图，要注明桩号和名称。

（3）路基边坡、中央分隔带和路两侧的绿化。分低路基、高路基、低路堑、高路堑、半填半挖、零填方等路段分别做出横断面布置图和相对应的效果图。在横断面布置图中应标注清楚所选植物的名称和方案的文字说明（主要对方案的特点、所选植物的株距、行距、植物特点和生态习性等进行简要论述）。在边坡靠近土路肩部位种植观赏性较强的花灌木。

（4）互通立交区绿化。应做出每个互通立交的绿化平面布置图和效果图，在平面图中标注清楚植物的名称和种植方案的种植说明（主要对方案的特点、所选植物的株距、行距、植物特点和生态习性等进行简要论述）。互通立交区绿化应以乔木为主，灌木为辅，重点部位点缀地被，形成高低错落的植物群落。同时应完善互通立交区的排水系统设计，根据现场地形宜高则高、宜低则低，低洼处设置集水池，于其周围种植耐水湿植物。

（5）服务区、停车区和收费站区绿化。应做出每个站区的平面图和鸟瞰图。在平面布置图中应有植物的名称和方案的文字说明（主要对方案的特点、所选植物的株距、行距、植物特点和生态习性等进行简要论述）。根据建筑物的实际布局进行绿化方案设计，采用乔灌结合、常绿落叶搭配原则，运用庭院绿化设计手法。服务区和停车区的停车位应根据具体情况，栽植冠大荫浓的高大乔木；根据不同的车辆停放地点、不同的服务功能区，可设置花坛或绿篱进行分隔；场区绿化以栽植树冠发达、树荫大的乔木为主，少种草。

（6）方案设计的效果图应与工程实际相符，所选择的比例、角度应一致，效果图上应显示出排水沟、振荡标线等设施。

（7）绿化方案概算。根据市场价做出高速公路绿化概算表。

7.2.2　绿化施工图设计要求

高速公路项目公司和设计单位根据审定的高速公路绿化方案编制绿化施工图设计，施工图设计应对整个方案进行各方面详细设计，包括植物的选择与配置，准确地表示出个各项设计内容的尺寸、位置、形状、植物种类、数量以及构造和结构，完成施工平面图、横断面图、种植结构图等，并且做出完善的工程预算。

7.3　河南省高速公路绿化设计文件报审要求

7.3.1　绿化方案报审要求

设计单位按上述要求完成绿化设计方案后，由高速公路项目公司上级主管部门向省交通厅行文上报，省厅将组织有关专家进行审查。设计单位根据专家审查意见优化方案后报省交通厅由有关部门审定。

7.3.2 绿化施工图报审要求

设计单位完成绿化施工图设计后，由高速公路项目公司上级主管部门向省交通厅行文上报，省厅将组织有关专家进行审查，设计单位根据专家审查意见优化施工图设计后由省交通厅下文批复。

附表1 河南省高速公路各生态区域不同立地条件下主要适用植物树种

太行山地	
立地类型	适用树种
中分带	蜀桧、刺柏、大叶黄杨、紫叶李、紫薇、花石榴、木槿、麦冬
边坡	胡枝子、紫穗槐、猬实、天堂草、狗牙根、高羊茅、结缕草、剪股颖
碎落台	大叶女贞、蜀桧、刺柏、龙柏、大叶黄杨球、白蜡、五叶地锦、紫叶李、小叶女贞
护坡道及防护林带	榆树、紫叶李、雪松、大叶女贞、白蜡、紫薇、速生杨、臭椿、紫荆、碧桃、迎春、迎夏、丁香、连翘、苦楝、山楂
零填方路侧	紫叶李、白蜡、雪松、栾树、合欢、大叶女贞、大叶黄杨球、金叶女贞、花石榴、紫薇、木槿
互通立交区	雪松、国槐、杨树、柳树、合欢、丝棉木、栾树、火炬树、紫叶李、紫薇、木槿、大叶女贞、小叶女贞
管理养护区、收费站、停车服务区	雪松、枫杨、合欢、丝棉木、栾树、紫叶李、紫薇、花石榴、樱花、大叶女贞、桂花、麦冬
黄土丘陵地带	
立地类型	适用树种
中分带	蜀桧、大叶黄杨、紫叶李、紫薇、花石榴、木槿、麦冬
边坡	柠条、紫穗槐、胡枝子、天堂草、沙芦草、卫矛、红豆草、小冠花、波斯菊、狗牙根
碎落台	大叶女贞、蜀桧、龙柏、大叶黄杨球、白蜡、五叶地锦、紫叶李、小叶女贞
护坡道及防护林带	雪松、紫叶李、大叶女贞、白蜡、栾树、紫薇、臭椿、碧桃、连翘、苦楝、核桃、速生杨、柳树
零填方路侧	红叶李、白蜡、雪松、栾树、合欢、大叶女贞、大叶黄杨球、海桐球、金叶女贞、花石榴、紫薇、木槿
互通立交区	雪松、速生杨、柳树、合欢、丝棉木、栾树、火炬树、紫叶李、紫薇、大叶女贞、小叶女贞、黄杨球、花石榴
管理养护区、收费站、停车服务区	雪松、枫杨、合欢、丝棉木、栾树、紫叶李、紫薇、花石榴、樱花、大叶女贞、金叶女贞、麦冬、红花草

豫西山地	
立地类型	适用树种
中分带	蜀桧、大叶黄杨、北海道黄杨、桧柏、紫叶李、花石榴、金叶女贞、麦冬
边坡	紫穗槐、荆条、胡枝子、狗牙根、高羊茅、波斯菊、结绫草、黑麦草、五叶地锦、藤本卫矛、石竹
碎落台	大叶女贞、雪松、龙柏、大叶黄杨、白蜡、五叶地锦、紫叶李、小叶女贞、金叶女贞、丰花月季
护坡道及防护林带	雪松、紫叶李、大叶女贞、白蜡、栾树、柳树、速生杨、椿树、紫薇、碧桃、连翘、核桃、楸树、落叶松
零填方路侧	雪松、大叶女贞、栾树、合欢、大叶黄杨球、合欢、花石榴、紫薇、木槿、金叶女贞
互通立交区	油松、雪松、大叶女贞、合欢、重阳木、丝棉木、栾树、三角枫、紫薇、花石榴、木槿、火炬树
管理养护区、收费站、停车服务区	雪松、枫杨、法桐、合欢、栾树、桂花、樱花、丝棉木、紫叶李、紫薇、花石榴、石楠、大叶女贞、金叶女贞、麦冬、红花草
黄淮海平原	
立地类型	适用树种
中分带	蜀桧、大叶黄杨、北海道黄杨、紫叶李、紫薇、丁香、木槿、花石榴、麦冬、红花草、葱兰
边坡	胡枝子、紫穗槐、荆条、狗牙根、高羊茅、结缕草、藤本卫矛、五叶地锦、波斯菊、紫花苜蓿、沙打旺、柠条
碎落台	大叶女贞、蜀桧、大叶黄杨球、雪松、白蜡、栾树、小叶女贞、五叶地锦、连翘
护坡道及防护林带	榆树、紫叶李、雪松、大叶女贞、白蜡、紫薇、速生杨、椿树、柳树、楸树、紫荆、碧桃、连翘
零填方路侧	紫叶李、白蜡、雪松、栾树、合欢、大叶女贞、大叶黄杨球、金叶女贞、花石榴、紫薇、木槿、五叶地锦
互通立交区	雪松、大叶女贞、国槐、柳树、泡桐、合欢、栾树、三角枫、白蜡、丝棉木、紫薇、花石榴、连翘、大叶黄杨球、小叶女贞球、火炬树
管理养护区、收费站、停车服务区	雪松、大叶女贞、合欢、丝锦木、樱花、法桐、紫叶李、紫薇、花石榴、桂花、麦冬、红花草、天堂草、金叶女贞、小叶女贞

淮南平原	
立地类型	适用树种
中分带	蜀桧、法青、北海道黄杨、夹竹桃、大叶黄杨、紫薇石楠、紫叶李、花石榴、木槿、麦冬、红花草、金叶女贞、毛杜娟
边坡	紫穗槐、荆条、胡枝子、卫矛、扶芳藤、爬山虎、紫花苜蓿、狗牙根、高羊茅、波斯菊、金鸡菊、结楼草
碎落台	大叶女贞、雪松、栾树、重阳木、水杉、小叶女贞球、海桐球、五叶地锦、连翘、迎春、丁香、红花草
护坡道及防护林带	水杉、落羽杉、柳杉、香樟、大叶女贞、栾树、楸树、紫叶李、碧桃、紫薇
零填方路侧	大叶女贞、雪松、栾树、水杉、海桐球、夹竹桃、法青、紫薇、碧桃、紫叶李、金叶女贞、爬山虎、红花草
互通立交区	雪松、大叶女贞、黑松、水杉、落羽杉、湿地松、杜仲、法青、石楠、枇杷、桂花、丁香、竹子、紫薇、花石榴
管理养护区、收费站、停车服务区	雪松、大叶女贞、广玉兰、樱花、重阳木、水杉、紫叶李、紫薇、桂花、海桐球、香樟、麦冬、红花草、金叶女贞、小叶女贞
豫南山地	
立地类型	适用树种
中分带	蜀桧、法青、北海道黄杨、夹竹桃、大叶黄杨、紫薇、石楠、紫叶李、花石榴、麦冬、红花草、金叶女贞
边坡	紫穗槐、荆条、胡枝子、卫茅、扶芳藤、爬山虎、紫花苜蓿、狗牙根、高羊茅、波斯菊、金鸡菊、结缕草
碎落台	雪松、大叶女贞、栾树、重阳木、小叶女贞球、海桐球、石楠、五叶地锦、连翘、迎春、紫叶李、碧桃、紫薇
护坡道及防护林带	雪松、紫叶李、大叶女贞、白蜡、水杉、香樟、栾树、楸树、速生杨、紫薇、碧桃、紫叶李
零填方路侧	雪松、大叶女贞、栾树、水杉、海桐球、夹竹桃、法青、紫薇碧桃、紫叶李、金中女贞、爬山虎、红花草
互通立交区	雪松、大叶女贞、油松、水杉、落羽杉、湿地松、杜仲、法青、石楠、合欢、重阳木、枇杷、竹子、紫薇、花石榴、紫薇
管理养护区、收费站、停车服务区	雪松、大叶女贞、广玉兰、樱花、重阳木、水杉、法桐、桂花紫叶李、紫薇、香樟、石楠、桂花、麦冬、红花草、金叶女贞、小叶女贞

附表 2　河南省高速公路常用植物表

序号	1
植物名称	银杏
控制规格	胸径 5cm
栽植密度	株行距 3~4m
适用立地类型	服务、管理区，互通区
习性及观赏特性	落叶大乔木，高可达 40m。阳性树种，较耐寒，深根性，不耐积水，抗有毒气体，不耐盐碱、抗病虫害力强，抗烟尘力弱。树干端直高大，树姿优美，树叶扇形，秋季变黄

序号	2	
植物名称	雪松	
控制规格	高 3m	高 5m
栽植密度	株行距 4m	株行距 6m
适用立地类型	护坡道 互通区	服务、管理区
习性及观赏特性	常绿大乔木，高可达 50m。弱阳性，喜温和凉润气候，耐寒性不强，抗污染力弱，不耐水湿，浅根性。树干挺直，姿态优美	

序号	3
植物名称	马尾松
控制规格	胸径 5cm
栽植密度	株行距 3m
适用立地类型	互通区， 服务、管理区
习性及观赏特性	常绿乔木，高达 45m。强阳性树种，喜温暖湿润气候，耐寒性差，宜酸性土，忌水涝和盐碱，耐干旱瘠薄土地，深根性，生长速度较快。树形高大雄伟，姿态古奇

序号	4
植物名称	火炬松
控制规格	胸径 5cm
栽植密度	株行距 3m
适用立地类型	互通区，服务、管理区
习性及观赏特性	常绿乔木，高达 30m。喜光、喜温暖湿润气候，对土壤要求不严，耐干燥瘠薄土壤，怕水湿，更不耐盐碱；喜酸性和微酸性土壤。终年常绿，形似火炬

序号	5
植物名称	湿地松
控制规格	胸径 5cm
栽植密度	株行距 3m
适用立地类型	互通区，服务、管理区
习性及观赏特性	常绿乔木，高达 30m。喜光，忌荫蔽。耐寒，又能抗高温。耐旱亦耐水湿，可忍耐短期淹水，根系发达，抗风力强。喜深厚肥沃的中性至强酸性土壤。挺拔苍劲，适应性强

序号	6
植物名称	水杉
控制规格	胸径 5cm
栽植密度	株行距 2~3m
适用立地类型	防护林带，互通区服务、管理区
习性及观赏特性	落叶乔木，高达 35m。喜光，喜温暖、湿润气候，较耐寒；适生于疏松、肥沃的酸性土壤，但在微碱性土壤中亦能正常生长；适应性强，不耐干旱与瘠薄，忌水涝。树姿优美，叶色秀丽

序号	7
植物名称	侧柏
控制规格	高 2m 以上
栽植密度	株行距 2~3m
适用立地类型	互通区 服务、管理区
习性及观赏特性	常绿乔木，高达 20 多米。性喜阳光，有一定耐阴力；喜温暖湿润气候，但亦耐多湿、耐干旱；比较耐寒，喜排水良好而湿润的深厚土壤，对土壤耐碱度要求不严，抗盐性很强。寿命长，苍劲古朴

序号	8
植物名称	蜀桧
控制规格	高 1.6m 以上
栽植密度	株距 1.5~2m
适用立地类型	中分带，互通区
习性及观赏特性	常绿乔木，高达 20m。性喜光、喜温凉气候，较耐寒，适肥厚湿润沙质壤土，对土壤的干旱及潮湿均有一定的抗性，忌水湿；萌芽力强，耐修剪，寿命长；深根性。干形直立，常年翠绿

序号	9
植物名称	铺地柏
控制规格	枝长 70cm
栽植密度	4 株 /m^2
适用立地类型	中分带，互通区 服务、管理区
习性及观赏特性	匍匐小灌木，高达 75cm。阳性树，能在干燥的砂地上生长良好，喜石灰质的肥沃土壤，忌低湿地点。可配植于岩石园或草坪角隅，又为缓土坡的良好地被植物

序号	10
植物名称	毛白杨
控制规格	胸径 5cm
栽植密度	株行距 3m
适用立地类型	防护林带，互通区 护坡道
习性及 观赏特性	落叶乔木，高达 30m。喜凉爽湿气候，对土壤要求不严，喜深厚肥沃沙壤土，稍耐碱，耐烟尘，抗污染；深根性，根系发达，生长快。树体高大挺拔，姿态雄伟，叶大荫浓

序号	11
植物名称	旱柳
控制规格	胸径 5cm
栽植密度	株行距 3~5m
适用立地类型	护坡道，防护林带 互通区，服务、管理区
习性及 观赏特性	落叶乔木，高达 20m。喜光阳性树种，较耐寒，耐干旱。喜湿润排水、通气良好的沙壤土，稍耐盐碱，萌芽力强，根系发达，扎根较深，忌黏土及低洼积水。枝条柔软，树冠丰满

序号	12
植物名称	垂柳
控制规格	胸径 5cm
栽植密度	株行距 3~5m
适用立地类型	护坡道，防护林带 互通区，服务、管理区
习性及 观赏特性	落叶乔木，高达 18m。喜光，喜温暖湿润气候及潮湿深厚之酸性及中性土壤。较耐寒，特耐水湿，但亦能生于土层深厚之高燥地区。枝条细长，随风飘舞，姿态优美潇洒

序号	13
植物名称	核桃
控制规格	胸径 5cm
栽植密度	株行距 3m
适用立地类型	护坡道，互通区 服务、管理区
习性及 观赏特性	落叶乔木，高达 35 m。喜光，耐寒，抗旱、抗病能力强，适应多种土壤生长，喜水、肥，同时对水肥要求不严，落叶后至发芽前不宜剪枝，易产生伤流。树干洁白，枝叶繁茂，绿荫盖地

序号	14
植物名称	枫杨
控制规格	胸径 5cm
栽植密度	株行距 3m
适用立地类型	互通区 服务、管理区
习性及 观赏特性	落叶大乔木，高达 30 m。喜光性树种，不耐庇荫，但耐水湿、耐寒、耐旱；深根性，速生性，萌蘖能力强，对二氧化硫、氯气等抗性强。树冠广展，枝叶茂密

序号	15
植物名称	榆树
控制规格	胸径 5cm
栽植密度	株行距 3m
适用立地类型	护坡道 互通区
习性及 观赏特性	落叶乔木，高达 25 m。阳性树种，喜光，耐旱，耐寒，耐瘠薄，不择土壤，根系发达，抗风力、保土力强，不耐水湿；具抗污染性。树干通直，树形高大

	序号	16
	植物名称	珊瑚朴
	控制规格	胸径 5cm
	栽植密度	株行距 3~4m
	适用立地类型	互通区 服务、管理区
	习性及 观赏特性	落叶乔木，高达 27m。阳性树种，喜光，略耐荫；适应性强，不择土壤，耐寒，耐旱，耐水湿和瘠薄；深根性，抗风力强，抗污染力强，生长速度中等，寿命长。冠大荫浓，红花红果
	序号	17
	植物名称	杜仲
	控制规格	胸径 5cm
	栽植密度	株行距 3~4m
	适用立地类型	互通区 服务、管理区
	习性及 观赏特性	落叶乔木，高达 20m。喜光树种，喜温暖而凉爽的气候，深根系树种，具有耐干旱的能力，土壤条件要求不严格，以深厚、肥沃的土壤、砂土壤及砾质土壤生长最好。树冠球形，枝叶茂密
	序号	18
	植物名称	紫叶小檗
	控制规格	4 分枝以上，修剪高度 40cm。
	栽植密度	25 株 /m^2
	适用立地类型	中分带，路肩
	习性及 观赏特性	落叶灌木。耐寒、耐旱。喜光线充足及凉爽湿润的环境，亦耐半阴，对水分要求不严。春开黄花，秋缀红果

序号	19
植物名称	南天竹
控制规格	三分枝以上
栽植密度	12 株 /m^2
适用立地类型	互通区 服务、管理区
习性及观赏特性	常绿灌木。喜温暖多湿及通风良好的半阴环境，较耐寒。能耐微碱性土壤；喜温暖湿润气候，不耐寒也不耐旱；喜光，耐阴，强光下叶色变红。树姿秀丽，翠绿扶疏。红果累累，圆润光洁

序号	20
植物名称	紫玉兰
控制规格	胸径 5cm
栽植密度	株行距 3m
适用立地类型	服务、管理区
习性及观赏特性	落叶大灌木，高达 5m。喜阳光充足环境，耐寒性较强，不耐干旱，略耐阴，在深厚肥沃和排水良好的土壤中生长较好。株姿优美，小枝曲折，花紫色或紫红色

序号	21
植物名称	玉兰
控制规格	胸径 5cm
栽植密度	株行距 3m
适用立地类型	服务、管理区
习性及观赏特性	落叶小乔木，高达 15m。性喜阳光和温暖湿润的气候。对温度很敏感，对低温有一定的抵抗力，不耐积水，宜在酸性、富含腐殖质而排水良好的地域生长。花大而洁白，芳香，早春先叶而放

序号	22
植物名称	广玉兰
控制规格	胸径 5cm
栽植密度	株行距 3m
适用立地类型	服务、管理区
习性及观赏特性	常绿乔木，高达 30m。喜阳光，亦耐半荫条件，喜温暖湿润气候，亦有一定的耐寒能力，抗污染，喜肥沃湿润而排水良好的土壤，忌干燥及石灰土质。四季常绿，花大清香

序号	23
植物名称	腊梅
控制规格	地径 4cm，高 1.6m 以上
栽植密度	株行距 2~3m
适用立地类型	服务、管理区
习性及观赏特性	落叶灌木，高 3m 左右。性喜阳光，稍耐荫，较耐寒，耐旱，怕风，要求深厚、肥沃和排水良好的中性或微酸性砂质土壤，忌湿涝。迎雪绽放，浓香袭人

序号	24
植物名称	香樟
控制规格	胸径 5cm
栽植密度	株行距 3~5m
适用立地类型	护坡道，互通区 服务、管理区
习性及观赏特性	常绿乔木，高达 50m。喜光，稍耐荫；喜温暖湿润气候，耐寒性不强，对土壤要求不严，较耐水湿，但不耐干旱、瘠薄和盐碱土；深根性，能抗风，萌芽力强，耐修剪。枝叶茂密，树姿雄伟

序号	25
植物名称	海桐
控制规格	冠径 1m 以上
栽植密度	株行距 1.5m
适用立地类型	碎落台、护坡道、互通区 服务、管理区
习性及 观赏特性	常绿灌木或小乔木，高达 3m。喜温暖湿润的海洋性气候，喜光，亦较耐荫。对土壤要求不严，黏土、沙土、偏碱性土及中性土均能适应，耐修剪。四季常青，花时香气袭人

序号	26
植物名称	法桐
控制规格	胸径 5cm
栽植密度	株行距 3m
适用立地类型	护坡道、互通区 服务、管理区
习性及 观赏特性	落叶乔木，高达 30m。喜光，喜湿润温暖气候，较耐寒。适生于微酸性或中性、排水良好的土壤；具有超强的吸收有害气体、抵抗烟尘、隔离噪声能力，耐干旱、生长迅速。树形雄伟，枝叶茂密

序号	27
植物名称	火棘
控制规格	高 1.5m，冠径 1m 以上
栽植密度	株行距 1.5m
适用立地类型	碎落台、护坡道、互通区 服务、管理区
习性及 观赏特性	常绿灌木，高约 3m。喜强光，稍耐阴，耐低温，耐旱力强，耐贫瘠，不择土壤，萌芽力强，耐修剪。叶片常绿，春天白花点点，秋天红果累累

序号	28
植物名称	山楂
控制规格	胸径 5cm
栽植密度	株行距 3m
适用立地类型	互通区 服务、管理区
习性及观赏特性	落叶小乔木，高达 6m。喜光稍耐阴。耐寒，耐干燥，耐贫瘠，但以在排水良好、湿润的微酸性砂质壤土上生长最好，在低洼和碱性地区生长不良。花繁叶茂，果实鲜红可爱

序号	29
植物名称	枇杷
控制规格	胸径 5cm
栽植密度	株行距 3m
适用立地类型	服务、管理区
习性及观赏特性	常绿小乔木，高达 10m。喜光，稍耐荫，喜温暖湿润气候及肥沃湿润而排水良好之土壤，不耐寒，生长缓慢。树形整齐美观，叶大荫浓，冬日白花盛开，初夏黄果累累

序号	30
植物名称	石楠
控制规格	地径 4cm，冠径 1m 以上
栽植密度	株行距 1.5m
适用立地类型	碎落台、护坡道、互通区 服务、管理区
习性及观赏特性	常绿小乔木，高达 12m。阳性树，也耐阴；喜欢肥沃湿润、土壤深厚、排水良好的地方栽植。也耐干旱贫瘠，能在石缝中生长；不耐水湿，耐寒。春赏叶，夏赏花，秋赏果

序号	31
植物名称	贴梗海棠
控制规格	地径 3cm，高 1m
栽植密度	株行距 1m
适用立地类型	服务、管理区
习性及观赏特性	落叶灌木，高达 2m。阳性，喜温暖气候，较耐寒，耐瘠薄，不耐水湿，不宜在低洼积水处栽植；性虽好暖，但亦能耐寒。花色红黄杂糅，相映成趣，秋季观黄果

序号	32
植物名称	木瓜
控制规格	胸径 5cm
栽植密度	株行距 3m
适用立地类型	服务、管理区
习性及观赏特性	落叶小乔木，高达 5~10m。喜光，也耐半阴，喜温暖，适应性强，耐寒、耐旱，对土壤要求不严，要求排水良好，但忌低洼、盐碱地。春花烂漫，入秋后金果满树，芳香袭人

序号	33
植物名称	杜梨
控制规格	胸径 5cm
栽植密度	株行距 3m
适用立地类型	防护林带 互通区，护坡道
习性及观赏特性	落叶乔木，高达 10m。喜光，稍耐荫，耐寒，耐水湿，极耐干旱、瘠薄及盐碱，深根性，抗病虫害力强，生长较慢，寿命长。树形优美，花色洁白

序号	34
植物名称	野蔷薇
控制规格	地径 2cm
栽植密度	株行距 1m
适用立地类型	隔离栅内侧
习性及观赏特性	落叶灌木，高 1~2m。性强健，喜光，耐半阴，耐寒，对土壤要求不严，在黏重土中也可正常生长；耐瘠薄，忌低洼积水。花色很多，有白色、浅红色、深桃红色、黄色等，花香诱人

序号	35
植物名称	月季花
控制规格	二年生
栽植密度	16 株 /m^2
适用立地类型	中分带，互通区 服务、管理区
习性及观赏特性	常绿或半常绿直立灌木。性较耐寒，喜光，喜肥，以富含有机质、排水良好的微带酸性沙壤土最好，抗有害气体能力较强。花大色艳，花期长，易做花坛、花镜、基础栽植用

序号	36
植物名称	黄刺玫
控制规格	冠径 1m，七个分枝
栽植密度	株行距 1.5m
适用立地类型	边坡，碎落台 互通区，管理、服务区
习性及观赏特性	落叶丛生灌木，高 1~3m。性强健，喜光，耐寒，耐旱，耐瘠薄，少病虫害。春开金黄色花朵，花期较长

序号	37
植物名称	木香
控制规格	地径 1cm
栽植密度	株行距 0.5m
适用立地类型	隔离栅内侧
习性及观赏特性	常绿或半绿攀援灌木，高达 6m。喜阳光充足、湿润的环境，耐半阴，亦耐旱。要求肥沃、深厚的土壤，生长期充分浇水，耐寒性稍差；立支架以利其攀援生长，注意整形修剪。叶翠花繁，浓香四溢

序号	38
植物名称	棣棠
控制规格	高 0.6m，冠 0.8m 以上。
栽植密度	株行距 1.5m
适用立地类型	互通区 服务、管理区
习性及观赏特性	落叶丛生无刺灌木，高 2m。喜温暖气候，耐寒性不是很强，较耐阴，不甚耐寒，对土壤要求不严，耐旱力较差，喜半荫而略湿之地。小枝翠绿，花色金黄

序号	39
植物名称	紫叶李
控制规格	地径 4cm 以上，冠径 1m 以上
栽植密度	株行距 1.5m
适用立地类型	中分带、坡顶 护坡道、碎落台、互通区
习性及观赏特性	落叶小乔木，高达 8m。喜温暖湿润气候，耐寒力不强；喜光，在荫蔽环境下叶色不鲜艳，易梢耐荫；具有一定的抗旱能力，较耐湿。叶色紫红色，花小，淡粉红色至白色

序号	40
植物名称	榆叶梅
控制规格	冠径 1m，高 1.2m
栽植密度	株行距 1~1.5m
适用立地类型	互通区 服务、管理区
习性及观赏特性	落叶灌木，高 3~5m。阳性，性喜光，耐寒、耐旱，对轻度碱土也能适应，不耐水涝。花十分密集，呈半球形的植株全部布满色泽艳丽的花朵，十分美丽

序号	41
植物名称	樱花
控制规格	地径 4cm
栽植密度	株行距 1.5~2m
适用立地类型	互通区 服务、管理区
习性及观赏特性	落叶乔木，高 15~25m。喜温暖湿润的气候环境，阳性，较耐寒，不耐粉尘和毒气性，对土壤的要求不严。盛开时节，满树烂漫，如云似霞

序号	42
植物名称	合欢
控制规格	胸径 5cm
栽植密度	株行距 3m
适用立地类型	互通区 服务、管理区
习性及观赏特性	落叶乔木，高达 16m。喜温暖湿润和阳光充足环境，对气候和土壤适应性强，宜在排水良好、肥沃土壤生长，但也耐瘠薄土壤和干旱气候，对有害气体及烟尘抗性强。花色鲜艳，叶形美丽

序号	43
植物名称	紫荆
控制规格	地径 3cm，高 1.2m。
栽植密度	株行距 1~1.5m
适用立地类型	互通区 服务、管理区
习性及 观赏特性	落叶乔木，高达 15m。性喜光照，有一定的耐寒性。喜肥沃、排水良好的土壤，不耐淹；萌蘖性强，耐修剪。先花后叶，花形似蝶，满树嫣红

序号	44
植物名称	皂荚
控制规格	胸径 5cm
栽植密度	株行距 3m
适用立地类型	互通区 服务、管理区
习性及 观赏特性	落叶乔木，高达 15~30m。性喜光而稍耐荫，喜温暖湿润气候及深厚肥沃适当湿润土壤，但对土壤要求不严，在石灰质及盐碱甚至黏土或砂土均能正常生长。冠大荫浓，寿命较长

序号	45
植物名称	紫穗槐
种植方式	喷播、扦插
播种量	依设计要求定
适用立地类型	边坡
习性及 观赏特性	落叶丛生灌木，高 1~4m。喜干冷气候，耐寒性强，耐干旱能力也很强，耐湿，耐盐碱、对土壤要求不严，抗风沙、抗逆性极强。枝叶繁密，水土保持效果极佳

序号	46
植物名称	刺槐
控制规格	胸径 5cm
栽植密度	株行距 3m
适用立地类型	互通区 服务、管理区
习性及 观赏特性	落叶乔木，高达 20m。极喜光，怕阴蔽和水湿，耐寒，喜排水良好的土壤。浅根性，侧根发达，适应性强、根蘖苗旺盛。槐花雪白，香飘数里

序号	47
植物名称	胡枝子
种植方式	播种
播种量	依设计要求定
适用立地类型	边坡
习性及 观赏特性	落叶灌木，高达 3m。喜光稍耐阴，耐寒，耐干旱，瘠薄，也耐水湿。萌蘖力强，根系发达，并具根瘤，有固氮作用。枝条披垂，花期较晚，淡雅秀丽

序号	48
植物名称	国槐
控制规格	胸径 5cm
栽植密度	株行距 3m
适用立地类型	互通区 服务、管理区
习性及 观赏特性	落叶乔木，高达 25m。性耐寒，喜阳光，稍耐阴，不耐阴湿而抗旱，在低洼积水处生长不良，深根，对土壤要求不严，较耐瘠薄，但在湿润、肥沃、深厚、排水良好的沙质土壤上生长最佳

序号	49
植物名称	苦楝
控制规格	胸径 5cm
栽植密度	株行距 3m
适用立地类型	互通区 服务、管理区
习性及观赏特性	落叶乔木，高达 20m。喜光，不耐庇荫，耐寒力不强，喜温暖湿润气候，对土壤要求不严；稍耐干旱、瘠薄，也能生于水边；抗风，萌蘖力强。羽叶疏展，夏日开淡蓝色小花，淡雅飘逸

序号	50
植物名称	千头椿
控制规格	胸径 5cm
栽植密度	株行距 3m
适用立地类型	互通区 服务、管理区
习性及观赏特性	落叶乔木，高达 30m。喜光、耐寒、耐旱、耐瘠薄、也耐轻度盐碱，适应性极强。枝叶繁茂，树冠圆整美观

序号	51
植物名称	重阳木
控制规格	胸径 5cm
栽植密度	株行距 3m
适用立地类型	互通区 服务、管理区
习性及观赏特性	落叶乔木，高达 15m。喜光，稍耐荫，喜温暖气候，耐寒性较弱，对土壤的要求不严，耐旱，也耐瘠薄，耐水湿，抗风力强，生长较快。冠如伞盖，春秋叶红

	序号	52
	植物名称	乌桕
	控制规格	胸径 5cm
	栽植密度	株行距 3m
	适用立地类型	防护林带，互通区 服务、管理区
	习性及观赏特性	落叶乔木，高达 15m。阳性，喜温暖湿润气候及深厚肥沃而水分丰富的土壤，耐水湿，抗风，抗性强。树冠整齐，叶形秀丽，秋叶经霜时如火如荼，十分美观
	序号	53
	植物名称	小叶黄杨
	控制规格	高 40cm，冠径 30cm
	栽植密度	16 株 /m^2
	适用立地类型	中分带，路肩 管理、服务区
	习性及观赏特性	常绿小灌木。喜光，亦较耐荫，喜温暖湿润气候，耐寒性不强，浅根性，生长缓慢，适生于肥沃、疏松、湿润之地，萌生性强，耐修剪。春季满树嫩绿，四季常青
	序号	54
	植物名称	黄连木
	控制规格	胸径 5cm
	栽植密度	株行距 3m
	适用立地类型	互通区 服务、管理区
	习性及观赏特性	落叶乔木，高达 30m。喜光，不耐严寒，在酸性、中性、微碱性土壤上均能生长，对二氧化硫和烟的抗性较强。树冠开阔，叶繁茂而秀丽，入秋变鲜红色或橙红色

序号	55
植物名称	火炬树
控制规格	胸径 5cm
栽植密度	株行距 3m
适用立地类型	互通区 服务、管理区
习性及观赏特性	落叶小乔木，高达 8m。阳性树，性强健，耐寒，耐旱，耐盐碱。根系浅但水平根发达，根萌蘖性强，寿命较短。花序似炬，立于梢头，入秋叶色转红

序号	56
植物名称	黄栌
控制规格	胸径 5cm
栽植密度	株行距 3m
适用立地类型	互通区 服务、管理区
习性及观赏特性	落叶灌木或小乔木，高达 5~8m。喜光，也耐半荫，喜温暖气候，耐寒，耐干旱瘠薄和碱性土壤，但不耐水湿，以深厚、肥沃而排水良好之沙质壤土生长最好。深秋满树通红，艳丽无比

序号	57
植物名称	构骨
控制规格	冠径 1m
栽植密度	株行距 1.5m
适用立地类型	互通区，坡顶 管理、服务区
习性及观赏特性	常绿灌木或小乔木，高 3~4m。喜光，稍耐荫；喜温暖气候及肥沃、湿润而排水良好之微酸性土壤，耐寒性不强，对有害气体有较强抗性。叶形奇特，深绿光亮，入秋红果累累，经冬不凋

序号	58
植物名称	大叶黄杨
控制规格	高 1.6m 以上
栽植密度	株距 1.5m
适用立地类型	中分带 护坡道
习性及 观赏特性	常绿灌木或小乔木，高可达 8m。喜光，亦较耐荫；喜温暖湿润气候，亦较耐干旱贫瘠，较耐寒，极耐修剪整形，对有毒气体及烟尘有抗性。叶色光亮，嫩叶鲜绿

序号	59
植物名称	扶芳藤
控制规格	地径 1cm
栽植密度	株行距 0.5m
适用立地类型	边坡 隔离栅内侧
习性及 观赏特性	常绿藤木，茎匍匐或攀援，长可达 10m。抗旱、抗寒、抗污染、耐阴性强，耐盐碱，对土壤适应性强，耐高温而且耐严寒。春、夏、秋叶色碧绿，入冬变红

序号	60
植物名称	卫矛
控制规格	地径 1cm
栽植密度	株行距 0.5m
适用立地类型	边坡 隔离栅内侧
习性及 观赏特性	落叶灌木，高达 3m。喜光、也稍耐荫，对气候和土壤适应性强，能耐干旱、贫瘠和寒冷，在中性、酸性及石灰性土上均能生长。萌芽力强，耐修剪，对二氧化硫有较强抗性。早春初发嫩叶及秋叶为紫红色

序号	61
植物名称	丝棉木
控制规格	胸径 5cm
栽植密度	株行距 3m
适用立地类型	互通区 服务、管理区
习性及 观赏特性	落叶小乔木，高达 6~8m。阳性树种，稍耐阴，对气候适应性很强，耐寒，耐干旱，耐水湿，耐瘠薄，对土壤要求不严，根系深，能抗风。枝叶娟秀细致，秋季叶色变红

序号	62
植物名称	五角枫
控制规格	胸径 5cm
栽植密度	株行距 3m
适用立地类型	防护林带，互通区 服务、管理区
习性及 观赏特性	落叶乔木，高达 20m。弱阳性，耐半荫，耐寒，较抗风，不耐干热和强烈日晒；对土壤要求不严，在中性、酸性及石灰性土上均能生长。叶、果秀丽，入秋叶色变为红色或黄色

序号	63
植物名称	三角枫
控制规格	胸径 5cm
栽植密度	株行距 3m
适用立地类型	互通区 服务、管理区
习性及 观赏特性	落叶乔木，一般高 5~10m。弱阳性，稍耐荫；喜温暖湿润气候及酸性、中性土壤，较耐水湿；有一定耐寒能力，萌芽力强，耐修剪，根系发达。树干高耸，冠如华盖，入秋叶色转为暗红

序号	64
植物名称	黄山栾
控制规格	胸径 5cm
栽植密度	株行距 3~5m
适用立地类型	护坡道，互通区 服务、管理区
习性及 观赏特性	落叶乔木，高达 17~20m。阳性树种，耐半阴，耐寒、耐干旱、瘠薄，喜生于石灰质土壤，也能耐盐碱及短期水涝，深根性，萌蘖力强。冠大荫浓，开花金黄，灯笼满树

序号	65
植物名称	枣树
控制规格	胸径 5cm
栽植密度	株行距 3m
适用立地类型	互通区 服务、管理区
习性及 观赏特性	落叶乔木，高达 10m。弱阳性，对气候、土壤适应性强；好干燥气候，不耐水湿，耐盐碱，根强壮，抗性强，对有害气体吸收能力强。枣叶垂阴，红实悬树

序号	66
植物名称	爬山虎
控制规格	地径 1cm
栽植密度	株行距 0.5m
适用立地类型	边坡，隔离栅内侧
习性及 观赏特性	落叶藤木。性喜阴湿环境，但不怕强光，耐寒，耐旱，耐贫瘠，耐修剪，怕积水，对土壤和气候适应能力很强。枝繁叶茂，夏开黄绿色小花，秋天叶子变成红色

序号	67
植物名称	木槿
控制规格	地径 3cm，高 1m 以上
栽植密度	株行距 1m
适用立地类型	碎落台、护坡道、互通区 服务、管理区
习性及 观赏特性	落叶灌木或小乔木，高 3~6m。喜光、稍耐阴，喜温暖湿润气候，也颇耐寒，耐水湿，也耐干旱，宜湿润肥沃土壤，萌芽力强，耐修剪，易整形。夏秋开花，花色较多，北方少有的夏花植物

序号	68
植物名称	梧桐
控制规格	胸径 5cm
栽植密度	株行距 3m
适用立地类型	互通区 服务、管理区
习性及 观赏特性	落叶乔木，高可达 20m。阳性，喜温暖湿润气候，耐寒性不强，怕涝，吸收有害气体、抵抗烟尘、隔离噪声能力，耐干旱、生长迅速。枝干青翠，叶大荫浓，干皮绿色

序号	69
植物名称	柽柳
控制规格	地径 4cm
栽植密度	株行距 2m
适用立地类型	坡顶，护坡道 互通区
习性及 观赏特性	落叶灌木或小乔木，高 5~7m。喜光、耐旱、耐热、耐寒，耐干又耐水湿，极耐盐碱、沙荒地，根系发达，萌生力强。干红枝软，花色美丽而花期长，可 3 次开花

序号	70
植物名称	紫薇
控制规格	地径 4cm 以上，高 1.6m 以上
栽植密度	株行距 1.5m
适用立地类型	中分带、坡顶 护坡道、碎落台、互通区
习性及 观赏特性	落叶灌木或小乔木，高达 7m。喜光，耐半阴，喜温暖气候，耐旱，耐寒性不强，喜肥沃、湿润而排水良好的石灰性土壤，不耐涝，抗大气污染。树干光滑，花色艳丽

序号	71
植物名称	石榴
控制规格	地径 3cm 以上，高 1.4m 以上
栽植密度	株行距 1.5m
适用立地类型	中分带、坡顶 护坡道、碎落台、互通区
习性及 观赏特性	落叶灌木或小乔木，高 5~7m。喜阳光充足和干燥环境，有一定的耐寒能力，耐干旱，不耐水涝，不耐阴，对土壤要求不严，生长速度中等，寿命较长。树姿优美，叶碧绿而有光泽，花红似火，姿色秀丽

序号	72
植物名称	刺楸
控制规格	胸径 5cm
栽植密度	株行距 3~4m
适用立地类型	护坡道，防护林带 互通区
习性及 观赏特性	落叶乔木，高达 30m。喜光，对气候适应性较强，喜土层深厚湿润的酸性土或中性土，深根性，生长快，少病虫害。叶大干直，树形颇为壮观，富有野趣

序号	73
植物名称	红瑞木
控制规格	3 个分枝以上
栽植密度	6 株 /m^2
适用立地类型	互通区 服务、管理区
习性及观赏特性	落叶灌木，高可达 3m。性喜光，强健耐寒、耐旱、耐修剪，喜光，喜较深厚湿润但肥沃疏松的土壤，根系发达，又耐潮湿。秋叶鲜红，小果洁白，落叶后枝干红艳如珊瑚

序号	74
植物名称	杜鹃
控制规格	冠径 0.3m
栽植密度	12 株 /m^2
适用立地类型	边坡，互通区 服务、管理区
习性及观赏特性	落叶灌木。喜欢酸性土壤，性喜凉爽、湿润、通风的半阴环境，既怕酷热又怕严寒，林下生长较好。春季花开，满山艳红

序号	75
植物名称	柿树
控制规格	胸径 5cm
栽植密度	株行距 3~4m
适用立地类型	互通区 服务、管理区
习性及观赏特性	落叶乔木，高达 15m。强阳性树种，性强健，耐寒，喜温暖湿润气候，也耐干旱，忌积水，耐瘠薄，适应性强，深根性，不择土壤。枝繁叶大，入秋部分叶红，果实似火

序号	76
植物名称	白蜡树
控制规格	胸径 5cm
栽植密度	株行距 3~5m
适用立地类型	护坡道，互通区 服务、管理区
习性及 观赏特性	落叶乔木，高达15m。适应性很强，喜光，稍耐荫，喜温暖湿润气候，颇耐寒；喜湿耐涝、耐干旱、对土壤要求不严，耐盐碱。形体端正，树干通直，枝叶繁茂而鲜绿，秋叶橙黄

序号	77
植物名称	水曲柳
控制规格	胸径 5cm
栽植密度	株行距 3m
适用立地类型	互通区，防护林带 护坡道
习性及 观赏特性	落叶乔木，高达30m。喜光，幼时稍耐荫，耐寒，喜肥沃湿润土壤，生长快，抗风力强，喜潮湿但不耐水涝，适应性强，喜肥，稍耐盐碱。树干高大通直

序号	78
植物名称	连翘
控制规格	冠径 1m，七个分枝
栽植密度	株行距 1.5m
适用立地类型	边坡，碎落台 管理、服务区
习性及 观赏特性	落叶灌木，高可达3m。喜温暖、湿润的环境，喜光、耐寒，喜生于阳坡地，对土壤要求不严，耐干旱贫瘠，怕涝，抗病虫害能力强。早春先叶开花，满枝金黄，艳丽可爱

序号	79
植物名称	金钟花
控制规格	冠径 1m，七个分枝
栽植密度	株行距 1.5m
适用立地类型	边坡，碎落台 管理、服务区
习性及 观赏特性	落叶灌木。喜温暖、湿润的环境，喜光、耐寒，喜生于阳坡地，对土壤要求不严，耐干旱贫瘠，怕涝，在温暖湿润、背风面阳处，生长良好。先叶而花，金黄灿烂

序号	80
植物名称	紫丁香
控制规格	冠径 0.8m，高 1m。
栽植密度	株行距 1m
适用立地类型	互通区 服务、管理区
习性及 观赏特性	落叶灌木或小乔木，高达 4m。喜光，稍耐荫，耐寒性较强，耐干旱，忌低温，喜湿润、肥沃、排水良好的土壤，忌涝。枝叶繁密，春季盛开，清香四溢

序号	81
植物名称	女贞
控制规格	胸径 3~5cm
栽植密度	株行距 2~3m
适用立地类型	碎落台、护坡道 互通区，服务、管理区
习性及 观赏特性	常绿乔木，高达 10m。喜光，稍耐荫，喜温暖气候，不耐寒，喜湿润，不耐干旱，适应性强，在湿润肥沃的微酸性土壤生长快速，中性、微碱性亦能适应。枝叶清秀，四季常青

序号	82
植物名称	小叶女贞
控制规格	4 分枝以上，修剪高度 40cm
栽植密度	25 株 /m^2
适用立地类型	中分带 路肩
习性及 观赏特性	落叶或半常绿灌木，高 2~3m。喜光，稍耐荫；喜温暖湿润气候，较耐寒；对有害气体抗性强；对土壤要求不严，性强健，萌枝力强，耐修剪。枝叶紧密，有光泽

序号	83
植物名称	桂花
控制规格	地径 4cm
栽植密度	株行距 1.5~2m
适用立地类型	服务、管理区
习性及 观赏特性	常绿灌木至小乔木，高可达 12m。喜光，稍耐阴，喜温暖和通风良好的环境，不耐寒，喜湿润，怕水涝，不耐干旱，抗毒气能力强，忌碱地和黏重土壤。树干端直，树冠圆整，中秋花开，香飘数里

序号	84
植物名称	迎春
控制规格	枝长 60cm，7 个分枝以上
栽植密度	株行距 1m
适用立地类型	路肩，坡顶
习性及 观赏特性	落叶灌木。性喜光，稍耐荫；较耐寒，喜湿润，也耐干旱，怕涝；对土壤要求不严，耐碱，根部萌发力很强。冬季绿枝婆娑，早春黄花可爱

	序号	85
	植物名称	探春
	控制规格	枝长60cm，7个分枝以上。
	栽植密度	株行距1m
	适用立地类型	路肩，坡顶
	习性及观赏特性	半常绿灌木，高1~3m。适应性强，喜温暖、湿润、向阳的环境和肥沃的土壤。叶丛翠绿，花色金黄
	序号	86
	植物名称	络石
	控制规格	地径2cm
	栽植密度	株行距1m
	适用立地类型	隔离栅内侧
	习性及观赏特性	常绿藤木，长达10m。喜光，耐荫，喜半阴湿润的环境，耐旱也耐湿，耐寒性不强，对土壤要求不严，以排水良好的砂壤土最为适宜，萌蘖性较强。叶色浓绿，四季常青，花皓洁如雪，幽香袭人
	序号	87
	植物名称	夹竹桃
	控制规格	高1.5m以上，冠径1m以上
	栽植密度	株行距1.5m
	适用立地类型	中分带、坡顶 护坡道、碎落台、互通区
	习性及观赏特性	常绿直立大灌木，高达5m。喜温暖湿润的气候，耐寒力不强，不耐水湿，耐旱力强，喜光好肥，也能适应较阴的环境，对土壤适应性强，耐烟尘。植株姿态潇洒，碧叶青青，红花团团

序号	88
植物名称	荆条
种植方式	喷播为掺入种子量
播种量	播种依设计要求定
适用立地类型	边坡
习性及观赏特性	落叶灌木。性强健，耐寒、耐旱，亦能耐瘠薄的土壤，喜阳光充足，根茎萌发力强，耐修剪，适应性强。叶形秀丽，花色清雅

序号	89
植物名称	枸杞
控制规格	丛状三分枝以上
栽植密度	株行距 1.5m
适用立地类型	边坡，互通区 服务、管理区
习性及观赏特性	多分枝灌木，高 1~2m。喜光，喜晴燥而凉爽的气候和排水良好的砂质壤土；耐寒，耐轻度盐碱，在黄土沟壑陡壁上也能生长，忌低洼湿地。花朵紫色，花期长，秋季红果缀满枝头，十分美丽

序号	90
植物名称	紫花泡桐
控制规格	胸径 5cm
栽植密度	株行距 3m
适用立地类型	防护林带 护坡道，互通区
习性及观赏特性	落叶乔木，高 15m。弱阳性树种，不耐庇荫，喜温暖气候，不耐寒，耐干旱，速生，抗污染，怕水淹。树姿优美，树干端直，树冠宽大，花色美丽鲜艳

序号	91
植物名称	梓树
控制规格	胸径 5cm
栽植密度	株行距 3m
适用立地类型	护坡道，防护林带 互通区，管理、服务区
习性及观赏特性	落叶乔木，高达 20m。弱阳性，稍耐荫，适生于温带地区，颇耐寒，喜深厚、肥沃、湿润土壤，不耐干旱瘠薄，耐轻盐碱土，抗污染，浅根性，生长快。树姿优美，叶片浓密，花繁果茂，果期长达半年

序号	92
植物名称	楸树
控制规格	胸径 5cm
栽植密度	株行距 3m
适用立地类型	防护林带 护坡道，互通区
习性及观赏特性	落叶乔木，高达 30m。弱阳性，喜温暖湿润气候，不耐严寒，抗污染，不耐干旱瘠薄和水湿，喜深厚、湿润、肥沃、疏松的中性土、微酸性土及钙质土。树冠长圆形，干直荫浓。花白色有紫斑，大而美观

序号	93
植物名称	金银花
控制规格	高 1m，冠径 0.8m
栽植密度	株行距 1.5m
适用立地类型	坡顶，护坡道 管理、服务区
习性及观赏特性	半常绿缠绕藤木，长达 9m。根系发达，适应性强，抗旱耐涝，耐瘠薄，抗逆性强，喜光，耐阴，耐寒，抗污染。缠绕半灌木，常绿，花气清香

序号	94
植物名称	金银木
控制规格	冠 1m
栽植密度	株行距 1.5m
适用立地类型	坡顶，互通区 服务、管理区
习性及 观赏特性	落叶灌木，高达 5m。性强健，耐寒、耐旱、喜光也耐荫，喜湿润肥沃及深厚之壤土。花果并美，春赏花闻香，秋观红果累累

序号	95
植物名称	法青
控制规格	高 1.6m 以上
栽植密度	株行距 1.5m
适用立地类型	中分带、坡顶 护坡道、碎落台
习性及 观赏特性	常绿灌木或小乔木，高 2~10m。喜光，稍能耐阴，喜温暖，不耐寒；喜湿润肥沃土壤，喜中性土，对酸性和微碱性土中也能适应，抗有毒气体。枝叶碧绿，白花红果

序号	96
植物名称	桂竹
控制规格	高 2m
栽植密度	4 墩 /m^2
适用立地类型	互通区，碎落台 服务、管理区
习性及 观赏特性	干高 11~20m。阳性，喜温暖湿润气候，稍耐寒，耐盐碱，适应性强，抗性较强，适生范围大，在黏重土壤上生长较差。新秆绿色，常无粉，老干深绿色，四季常青，秀丽挺拔

	序号	97
	植物名称	刚竹
	控制规格	高 2m
	栽植密度	4 墩 /m^2
	适用立地类型	互通区，碎落台 服务、管理区
	习性及 观赏特性	干高 10~15m。阳性，喜温暖湿润气候，在碱土和含盐的土壤亦能生长，能耐 -18℃低温。秆直，淡绿色，叶片夏、秋翠绿色，至冬变黄色
	序号	98
	植物名称	淡竹
	控制规格	高 2m
	栽植密度	4 墩 /m^2
	适用立地类型	互通区，碎落台 服务、管理区
	习性及 观赏特性	干高 5~10m。适应性较强，耐寒，耐干燥瘠薄和暂时的流水漫渍，耐轻度盐碱土。常见于平原地、低山坡地及河滩上。竹身翠绿，姿态婀娜
	序号	99
	植物名称	早园竹
	控制规格	高 2m
	栽植密度	4 墩 /m^2
	适用立地类型	互通区，碎落台 服务、管理区
	习性及 观赏特性	干高 8~10m。耐寒，适应性较强，轻碱地、沙土及低洼地均能生长，但对水分的要求高于对温度和土壤的要求。笋味美，出笋早，故称为“早园竹”

	序号	100
	植物名称	阔叶箬竹
	控制规格	高 0.5m
	栽植密度	4 墩 /m^2
	适用立地类型	互通区，碎落台 服务、管理区
	习性及 观赏特性	灌木型，秆高 1m。适应性强，较耐寒，喜湿耐旱，对土壤要求不严，在轻度盐碱土中也能正常生长，喜光，耐半阴。植株低矮，叶宽大，叶色四季翠绿
	序号	101
	植物名称	棕榈
	控制规格	高 1.5m
	栽植密度	株行距 2m
	适用立地类型	互通区 管理、服务区
	习性及 观赏特性	常绿乔木，高达 10m。中性，喜温暖湿润气候，有较强耐荫能力，耐轻盐碱土，能耐一定的干旱和水湿，抗有毒气体，不抗风。树势挺拔，叶色葱茏，一派南国风光
	序号	102
	植物名称	凤尾兰
	控制规格	冠径 1m
	栽植密度	株行距 1.5m
	适用立地类型	互通区，碎落台 管理、服务区
	习性及 观赏特性	常绿灌木或小乔木，高达 5m。喜温暖湿润和阳光充足环境，耐寒，耐阴，耐旱也较耐水湿，对土壤要求不严，适应性强。花大树美叶绿，白花繁多，姿态优美

序号	103
植物名称	金叶女贞
控制规格	4 个分枝以上，修剪高度 40cm
栽植密度	25 株 /m^2
适用立地类型	中分带、路肩 管理、服务区
习性及 观赏特性	落叶或半常绿灌木。喜光，喜温暖，稍耐荫，但不耐寒冷。在微酸性土壤生长迅速，中性、微碱性土壤亦能生长。萌芽力强，适应范围广，滞尘抗烟。叶色金黄

序号	104
植物名称	麦冬
控制规格	二年生
栽植密度	25 墩 /m^2
适用立地类型	中分带、路肩 管理、服务区
习性及 观赏特性	常绿地被。喜温暖湿润气候，稍耐寒，宜土质疏松、肥沃、排水良好的土壤和沙质土壤。植株低矮，叶绿繁密

序号	105
植物名称	红花酢浆草
控制规格	多年生
栽植密度	25 墩 /m^2
适用立地类型	中分带、路肩 管理、服务区
习性及 观赏特性	多年生草本，株高 10~20cm。喜向阳、温暖、湿润的环境，抗旱能力较强，不耐寒，喜阴湿环境，对土壤适应性较强。叶子茂密，碧绿青翠，小花繁多，烂漫可爱，花期长，花色艳

序号	106
植物名称	葱兰
控制规格	多年生
栽植密度	25 墩 /m^2
适用立地类型	中分带，路肩 管理、服务区
习性及观赏特性	多年生常绿草本。性喜阳光，也能耐半荫，喜肥沃和带有黏性的土壤，耐寒力强，长江流域以南均可露地越冬。要求排水良好，肥沃的沙壤土。叶细似葱，花开如莲

序号	107
植物名称	狗牙根
种植方式	播种
播种量	依设计要求定
适用立地类型	边坡
习性及观赏特性	多年生草本。性喜温暖湿润气候，耐阴性和耐寒性较差，喜排水良好的肥沃土壤，耐践踏，侵占能力强，能自播

序号	108
植物名称	高羊茅
种植方式	播种
播种量	依设计要求定
适用立地类型	边坡
习性及观赏特性	多年生草本。性喜寒冷潮湿、温暖气候，抗高温，耐旱，耐践踏；喜光，耐半阴，抗逆性强。叶片硬，较宽，叶色深绿

序号	109
植物名称	早熟禾
种植方式	播种
播种量	依设计要求定
适用立地类型	边坡
习性及观赏特性	冷季型草。喜光，耐阴性也强，耐旱性较强，耐寒，-9℃下仍保持绿色，抗热性较差，在气温达到25℃左右时，逐渐枯萎，对土壤要求不严，耐瘠薄，但不耐水湿

序号	110
植物名称	黑麦草
种植方式	播种
播种量	依设计要求定
适用立地类型	边坡
习性及观赏特性	冷季型草。喜温暖湿润气候，不耐高温，35℃以上生长不良。耐贫瘠，对酸碱性适应范围很大，耐盐性较强

序号	111
植物名称	小冠花
种植方式	播种
播放量	依设计要求定
适用立地类型	边坡
习性及观赏特性	多年生草花。喜光，不耐荫，喜温暖湿润气候，生长健壮，适应性强，耐寒，耐旱，耐瘠薄土壤，对土壤要求不严，病虫害少。花姿优美，花色鲜艳

	序号	112
	植物名称	波斯菊
	种植方式	播种
	播种量	依设计要求定
	适用立地类型	边坡，互通区
	习性及观赏特性	一年生草花。喜光，耐贫瘠土壤，忌肥，土壤过分肥沃，忌炎热，忌积水，对夏季高温不适应，不耐寒。株形高大，叶形雅致，花色丰富
	序号	113
	植物名称	白三叶
	种植方式	播种
	播种量	依设计要求定
	适用立地类型	边坡
	习性及观赏特性	多年生草本。喜温凉湿润气候，但适应性强，耐热、耐寒、耐荫、耐贫瘠、耐酸，对土壤要求不严，但不耐盐碱，不耐干旱和长期积水，再生力强。叶色碧绿，盛花似雪
	序号	114
	植物名称	紫花苜蓿
	种植方式	播种
	播种量	依设计要求定
	适用立地类型	边坡
	习性及观赏特性	多年生草本。适应性广，喜温暖、多晴少雨的干燥气候，耐寒性强，有较强的抗旱能力，最忌渍水，以排水良好的中性土壤种植为宜